PRAEFATIO

Inter codices Ciceronis de senectute libelli facile prin- P
cipem locum obtinet P inter Parisinae bibliothecae natio-
nalis libros manu scriptos Latinos n° 6332, qui saeculo IX
videtur exaratus esse. Is liber continet a folio 1—76ᵃ Tusculanas disputationes et inde usque ad fol. 88ᵇ Catonem
maiorem, qui in fine mutilatus est (ultima verba sunt *dubitasse quin ex* § 78). In singulis paginis binae sunt co-
lumnae vicenarum septenarum (in Tusculanis duodetrice-
narum) linearum. Memoratu dignum est etiam hunc codicem στιχηρῶς scriptum esse.¹) Cuius libri scripturae imaginem dedit Chatelainius.²)
Apparent in hoc codice permulta correctoris fere coaevi
vestigia; glossae, quae paucae in margine adscriptae erant,
maxima ex parte desectae sunt. Huius codicis manus secunda quo rediret, Halmius videre non potuit.
Recentiores autem codices ab Halmio adhibiti quamquam multis locis meliorem lectionem praebent, multo
minoris ponderis sunt, quod fluxerunt ex mixto codicum
genere. Halmius, etsi quae ratio inter hos et P interce-
deret et quo vinculo ipsi inter se cohaererent, eum fugit,
rectis eorum lectionibus non est pellectus ad falsas opinio-
nes, id quod ei summae laudi tribuendum est. Earum lectionum fonte reperto editores habere ubi firmiter inniti-
rentur, Havetus³) rectissime intellexit. Codex Q a Bai-
tero⁴) descriptus nihil adferre poterat auxilii, quippe cum
ipse deteriorum numero adtribuendus sit.
Quaestio haec difficilis, unde ortae sint lectiones dete- L
riorum codicum meliores, expedita est codice L (Leidensi

---

1) v. S. G. de Vries, *Exercitationes palaeogr.*, Lugd. Bat. 1889
p. 5. Dahl, *Zur Handschriftenkunde und Kritik des ciceroni-
schen Cato maior II.* (Codd. Parisini), Christianiae 1886 p. 5 sqq.
2) *Paléographie des classiques Latins*, Paris 1892 I, tab. 44, 1.
3) *Journal des savants 1902* p. 372.
4) *Philol. 21* p. 536 sqq. 675—679.

PRAEFATIO

Vossiano in fol. 12) a Mommseno[1]) invento ac publici iuris facto. Is codex X fere ineunte saeculo exaratus Parisino paene par idemque magnam partem fons esse videbatur lectionum a P discrepantium, quas recentiores codices habent. Olim codicem inter suos libros fuisse P. Daniel in pagina 11ᵇ ipse scripsit. In hoc libro inest a fol. 1ᵃ—10ᵃ Cato maior, inde usque ad finem pars Macrobii in somnium Scipionis commentarii; ultima verba sunt 1, 4, 2 *nec triumphos arescentibus laureis*. In singulis paginis sunt 32 lineae. Scripturae huius codicis imaginem reperimus in tabulis depictis Chatelaini.[2]) L et P alter ad alterum correcti sunt ita, ut L² respondeat manui priori codicis P et P² maxima ex parte cum L¹ consentiat. Ex his duobus codicibus recentiores libri manavisse videbantur. Quod demonstrare conatus est Tomanetz[3]), qui quantum ex utroque eorum in singulos deteriores codices fluxisset, se repperisse putabat. Cuius stemma omnino esse falsum apparebit ex eis, quae sequentur. Codicem L multum auxilii adtulisse ad contextum variis locis emendandum non est, quod negemus. Nam Muellerus[4]) eum diligentissime in editionem suam, qua nititur magnam partem etiam Schichius[5]), adhibuit, quamquam ei nihil praesto erat nisi Mommseni collatio. At Mommsenus et Muellerus hunc codicem pluris fecerunt quam valet.

Alius vero codex, quem Dahlius Lugduni Batavorum invenit et quem Gemollius et Dahlius contulerunt et divulgaverunt[6]), Vossianus lat. O. 79 (V) Parisinum pretio adaequat. Qui saepius cum L consentit contra P, multis autem locis cum P dissentit ab L. Ad hunc librum Vossianum eae lectiones manus secundae codicis Parisini, quae non ex L fluxerunt, referendae sunt. Continet codex: 1⁰ fol. 1—27ᵛ'" Ciceronis de senectute libellum. 2⁰ de animi

---

1) *Monatsber. d. Berliner Akad. d. Wissensch.* 1863 p. 10—21. Cf. J. G. Baiter, *Philol. 21* p. 535 sq. G. Lahmeyer, *Philol. 23* p. 473—81. I. Mueller, *Mus. Rhen. N. F. 22* p. 84; *23* p. 657. Ruediger, *Ze tschr. f. d. Gymnasialw.* 1864 p. 798 sq. Dahl I (codd. Leid.) p. 4 sqq. Vries p. 7 sq.
2) tab. 40 '.
3) *Über den Wert und das Verhältnis der Handschriften von Ciceros Cato Maior,* Vindobonae 1883 et 1886.
4) ed. Lipsiae 1878 sqq.
5) ed. Lipsiae 1884.
6) Gemoll, *Hermes 20* p. 331 sqq. Dahl, *Christiania Videnskabs-Selskabs Forhandlinger n° 23, Christianiae* 1885. cf. Groot, *Hermes 25* p. 293 sqq.

M. TVLLIVS CICERO

SCRIPTA QVAE MANSERVNT OMNIA

FASC. 47
CATO MAIOR · LAELIVS

RECOGNOVIT

KARL SIMBECK

DE GLORIA

RECOGNOVIT

OTTO PLASBERG

EDITIO STEREOTYPA EDITIONIS
PRIORIS (MCMXVII)

MONACHII ET LIPSIAE
IN AEDIBVS K. G. SAUR MMV

Bibliographic information published by Die Deutsche Bibliothek
Die Deutsche Bibliothek lists this publication in the
Deutsche Nationalbibliografie,
detailed bibliographic date is available
in the Internet at **http://dnb.ddb.de**.

© 2005 by K. G. Saur Verlag GmbH, München und Leipzig
Printed in Germany
Alle Rechte vorbehalten. All rights Strictly Reserved.
Jede Art der Vervielfältigung ohne Erlaubnis des Verlags ist unzulässig.
Gedruckt auf alterungsbeständigem Papier.
Druck und Bindung: Druckhaus „Thomas Müntzer" GmbH, 99947 Bad Langensalza
ISBN 3-598-71223-5
ISBN 978-3-598-71223-4

motibus. 3° de supinis verbis. 4° Marii Plotii Sacerdotis de metris. 5° Centimetrum ad Albinum decus praetextatorum. In singulis paginis Catonis maioris sunt 18, in ultima vero 12 lineae. In hoc codice corrector fere coaevus grassatus est et multa in Ciceronis verbis ex P correxit variasque aliquot lectiones glossasque permultas et inter lineas et in margine adscripsit. Imaginem libri dedit Chatelainius.[1])
Ad hos codices accedunt alii duo, b et A, quorum illum b Anzius[2]) et Kornitzer[3]) et postea Moore[4]) adhibuerunt, hoc a de Vries[5]) divulgato inprimis Moore in editione sua usus est. Sed Anzius, Kornitzer, Moore ex b (apud eos Br) non attulerunt nisi paucas lectiones. Descriptus est hic liber a Paulo Thomas[6]) et ab J. van den Gheyn.[7]) Continet a fol. 56ᵇ usque ad fol. 65ᵇ Catonem maiorem et est exaratus saeculo IX fere ineunte vel medio[8]), in membrana pulchra, litteris minusculis erectis, in titulis vero maiusculis et capitalibus et uncialibus. In singulis paginis sunt quadrageni versus in primis quinque paginis, triceni septeni a pagina sexta usque ad nonam, triceni seni a pagina decima usque ad septimam decimam, in ultima pagina viginti quinque versus. Quae praeter Catonem maiorem insunt, post patrem van den Gheyn singula repetere supersedeo.

Manus eadem, quae codicem scripsit, locis viginti duobus priora verba correxit. Nam si b ab alio correctore perlectus esset, certe aliquot locis omissa verba essent suppleta et nonnulla menda correcta. Praeterea in b ne unam quidem glossam reperimus, quae in A et V sunt plurimae. b frater est eius exemplaris, unde L A fluxerunt. Ob eam rem codex b maximi est momenti. Dahlius[9]) putat codicem V esse alterum codicem Danielis[10]); sed quod

---

1) tab. 41, 1.
2) ed. I. Gothae 1889.
3) ed. Vindobonae 1892.
4) ed. Nov.-Eborac. 1904.
5) *Exercit. palaeogr.* Lugd. Bat. 1889.
6) *Catalogue des Mss. de Classiques Latins de la bibl. Royale de Bruxelles*, Gand 1896, n° 98 p. 32.
7) *Catal. des Mss. de la bibl. Royale de Belgique*, Bruxelles 1902, II. n° 1372 p. 305.
8) In Thomae catalogo legimus p. 32 falso „saec. XV", id quod in fine correctum est in „saec. IX/X".
9) codd. Leid. p. 5. cf. de Vries p. 8. Baiter, *Philol. 21* p. 535.
10) v. H. Hagen, *Der Jurist und Philolog Peter Daniel aus Orléans*, Berol. 1879.

glossa *ignobilis* (§ 8), quam in illo altero codice omnino deesse Daniel dicit, etiam in b et A ne secunda quidem manu est adscripta, Dahlius non recte suspicetur.

A   In A nihil reperimus nisi Catonem maiorem et Somnium Scipionis cum Macrobii commentario, unde colligere possumus magnam partem codicis L, in quo praeter Catonem solum quinque paginae Macrobii commentarii exstant, perisse. Codex A accurate descriptus est a S. G. de Vries [1]), imaginem unius paginae videmus apud Chatelainium.[2]) Hunc librum ex eodem fonte atque L manavisse apparet. Quoa V saepe a P et L discrepat, Clarkius[3]) censebat eum neque ex P aut L manavisse neque ad eundem fontem atque P aut L redire. Quae opinio falsa est. Nam archetypus Ω bis transcriptus est et PV fluxerunt ex altero horum exemplarium x_1, bLA vero ex altero x_2.

Maximi momenti est praeter PVbLA codex K, quem Schwenke[4]) perscrutatus est. In hoc legimus, quae presbyter Hadoardus ex Ciceronis scriptis excerpsit. In Catone excerpendo usus est codice A secundum P correcto. Omnes enim lectiones praeter § 4 *nihil mali potest uideri*, ubi A cum PVbL habet *nihil malum potest uideri*, cum lectionibus codicis A congruunt. Cum A praeter Catonem et Somnium Scipionis nihil contineat, Hadoardus Tusculanas disputationes non cum Catone coniunctas invenit, id quod Schwenke videtur opinari. Quamquam recentiores codices, qui ex eodem fonte atque ii quos supra nominavi, fluxerunt, propter correctiones aliquot utiles non omnino neglegendi sunt, tamen sufficiunt PVbLA ad contextum constituendum. Quamobrem lectiones illorum librorum non afferemus nisi originem earum explicaturi.[5])

Inter Laelii codices longe praestantissimus est *Parisinus* (P), quem cum Th. Mommsen invenisset, descripsit et publici iuris fecit.[6]) Nunc eum possidet B.

---

1) p. 13 sqq.
2) tab. 40 ᴮ.
3) *Anecdota Oxoniensia, Collations from the Harleian Ms. of Cicero 2682*, Oxford 1892.
4) v. *Philol. suppl. 5* p. 399—588.
5) *de pksr v.* Dahl, *Codd. Paris.* p. 5 sqq., *de mid Riv. di fil. 15* (1887) p. 247 sqq., *de v Hermes 20* p. 331 sqq., *de C Class. philol.* 1908, 3 p. 285 sqq., *de a Wiener Studien 12* (1890) p. 320 sqq.
6) *Mus. Rhen. 8* (1863) p. 594—601.

Quaritch bibliopola Britannus. Qui cum nullis precibus ut librum photographice depingendum curaret, moveri posset, Muellerum secutus lectiones varias, quae sunt magni momenti, notavi. Eiusdem generis esse *Monacensem cod. Lat. 15 514* (M) recte vidit Schwenke.[1]) Cum hunc ipse inspicerem, quae ex eo Halmium secutus Muellerus affert, plerumque recte esse lecta mihi persuasi. In codice Parisino desunt, quae in duobus foliis excisis scripta erant (inde a *magnas* § 75 usque ad *ne etiam* § 78 et inde a *peccasse* § 90 usque ad *de Scipione* § 96), in codice Monacensi non leguntur prima undecim capita. Praeter hos duos codices *Gudianus 335* (G), qui saeculo decimo vel undecimo videtur exaratus esse, magni est aestimandus. At hic non ex eodem fonte atque codices PM manavit. Magni esse videntur etiam *Laurentianus 45* (L), cuius imaginem dedit Chatelainius *(tab. XLII)*, et *Parisinus 544* (p), cuius codicis fol. 74 videmus ibidem *(tab. XLI)*. Sed undique belli formidine circumstrepente hos duo codices ipse inspicere non potui.

Inter ceteros codices commemoro *Erfurtensem Lat. fol. 252* (E), qui etiam Catonem maiorem, et *Vindobonensem 3115* (D), qui praeter Laelium etiam Catonem maiorem et libros de officiis continet. Horum codicum, quorum pluris est *Erfurtensis*, lectiones saepe congruunt cum PM. Ex eodem fonte fluxit codex *Vaticanus Reg. 1762* (K), in quo scripta invenimus, quae *Hadoardus* presbyter ex Ciceronis operibus excerpsit.[2])

Gudiani autem codicis lectiones maximam partem praebent *Monacensis cod. Lat. 15964* (S), *Monacensis-Benedictoburanus cod. Lat. 4611* (B), *Vindobonensis 275 φ 326* (V), qui saeculo undecimo vel duodecimo scripti sunt. In V est lacuna ab *aut dignitate* (§ 71) usque ad *in homine fit* (§ 81). Codices BSV quamquam saepissime cum G congruunt, non ex hoc ipso, sed ex eius fratre deperdito (g) fluxerunt.

Mentione dignus est etiam *Monacensis cod. Lat. 19473* (e) saeculo duodecimo exaratus, qui *Erfurtensi* E simillimus est. Sed librarius et singula verba et maiores partes omisit, multis locis etiam quae tradita invenit, mutavit, ut exemplar quo utebatur, magis excerpsisse quam descripsisse videatur. Inter fragmenta plurimi esse opinor *frg. Monac. I cod. Lat. 29001* (m); in his duobus foliis legimus quae sunt in Laelio inde ab ⟨*interpretan*⟩*tur quam adhuc mor*-

---

1) *Philol. suppl.* 5 (1889) p. 555.
2) *Philol. suppl.* 5 (1889) p. 399 sqq.

talis *(§ 18)* usque ad *mutua beniuolentia conquiescit (§ 22)* et inde a *crudelitatem semper (§ 28)* usque ad *Recte tu quidem (§ 33)*. In singulis paginis sunt viceni terni versus; ex litterarum forma intellegimus codicem saeculo decimo vel undecimo scriptum esse. Lectiones huius fragmenti congruunt plerumque cum codice G, § 29 invenimus *motum animi et moris* (*amoris* corr. m²), quam lectionem falsam habet etiam P. Minoris sunt *frg. Monac. II cod. Lat. 29001* (n), quod saeculo duodecimo, et *Monacensis cod. Lat. 628* (f), qui saeculo tertio decimo tribuendus est. Hic incipit § *69*, prima verba sunt *se ille filio* (Philo!). In scida addita *Fr. Xav. Werfer, C. Ph. Monacensis, testatur codicem 'in Ciceronis libelli de amicitiā fragmento . . . egregias subinde offerre lectiones'; fragm. Monac. II* (n) continet has Laelii partes: inde ab *esset aptissimus (§ 29)* usque ad *sic et utilitates (§ 32)* et inde a ⟨*de*⟩ *feceris quodsi (§ 38)* usque ad *hunc etiam post (§ 41)*.

Codicem *Admontensem 383*[1]) s. XII (a), *fragm. Stell. Matut.*[2]) s. XI/XII (F), *Excerpta Monac. cod. Lat. 7624 fol. 8* (l), Collationem codicis *Lasbergiani cod. Lat. Monac. 28114 (Ls.)*, quae inter *Halmii* libros inventa est, paucis locis commemorabo.

---

1) *Wiener Studien 12* (1890) p. 323 sqq,
2) *Neue philol. Rundschau 19* (1904) p. 289 sqq.

M. TULLI CICERONIS
CATO MAIOR DE SENECTUTE LIBER

SIGLA

P = Parisinus 6332
V = Vossianus O. 79 } s. IX/X

b = Bruxellensis 9591
L = Vossianus fol. 12
A = Ashburnhamensis, nunc Parisinus nouv. acq. Lat. 454
K = Vaticanus Reg. Suec. 1762

PVbLA = Ω (Archetypus)

H = Harleianus 2682
p = Parisinus 5792 (*inc.* § *19* num igitur si ad)
k = Victorianus 14 699 (*fin.* § *21; ultima verba sunt:* perceperat nomina) } s. X/XI
S = Monacensis cod. Lat. 15 964 (XI/XII?)
m = Laurentianus 45, 50
E = Erfurtensis-Berol. Lat. fol. 252
Q = Rhenaugiensis 126

s = Parisinus Sangermanensis 13 340
B = Benedictoburanus-Monac. 4611
a = Admontensis 383 } s. XII
R = Rhenaugiensis 127
n = Laurentianus 31, 76

N = frg. Bernense
I = Indersdorfensis-Monac. 7809 } s. XIII

v = Petavianus fol. 104
l = Laurentianus 2, 45
r = Parisinus 6364 } s. XIV
d = Mediolanensis D 13

C = B 3 Cornell-Universit. } s. XV

NOTAE

Bal. = Balter	*Man.* = Manutius
Be. = Bezzenberger	*Mdv.* = Madvig
Ern. = Ernesti	*Mo.* = Mommsen
Fo. = Forchhammer	*Mue.* = Mueller
Ha. = Halm	*Or.* = Orelli
Lachm. = Lachmann	*Se.* = Schiche
Lb. = Lambinus	*Va.* = Vahlen
Ls. = Collatio cod. Lasbergiani	*Ven.* = ed. Veneta 1487
(cod. Lat. Mon. 28114)	*We.* = Wesenberg
Lg. = Landgraf	

TESTIMONIA

A. *Quando Cicero Catonem scripserit*

epist. ad Att. *14,21,3* legendus mihi saepius est Cato maior ad te missus *(haec epistula scripta est a. d. V. Id. Maias a. u. c. 710).*

de div. *2,1,3* interiectus est etiam nuper liber is, quem ad nostrum Atticum de senectute misimus *(ex div. 2,1,6 apparet Catonem esse scriptum ante mortem Caesaris).*

B. *Quo fonte Cicero sit usus*

Cato *1,3* omnem autem sermonem tribuimus non Tithono, ut Aristo Cius (parum enim esset auctoritatis in fabula), sed M. Catoni seni, quo maiorem auctoritatem haberet oratio. *(cf. Schroeter, de Cic. Cat. maiore, diss. Weidae Thur. 1911 p. 38ss. et 55.)*

DE PERSONIS DIALOGI

Cicero fingit C. Laelium qui habebat cognomen Sapientis, et P. Cornelium Scipionem qui postea Africanus minor appellatus est, anno 150 a. Chr. n. cum M. Porcio Catone Censorio de senectute colloqui. Librum mittit ad Atticum, cui explicat cur hoc ipsum argumentum tractare consilium ceperit. Catonem ita facit de senectute loquentem, ut quattuor causas, quae adferri solent ab eis qui accusant senectutem, pertractet et illa argumenta singillatim refellere studeat. Quae persona loquatur, significatur nomine verbis quae facit, anteposito. Haec personarum nomina in Mss. partim desunt.

'O Tite, si quid ego adiuero curamve levasso
quae nunc te coquit et versat in pectore fixa,
ecquid erit praemi?'
licet enim mihi versibus eisdem affari te Attice quibus affatur Flamininum 'ille vir haud magna cum re, sed plenus fidei'; quamquam certo scio non ut Flamininum 'sollicitari te Tite, sic noctesque diesque,' novi enim moderationem animi tui et aequitatem teque cognomen non solum Athenis deportasse, sed humanitatem et prudentiam intellego. et tamen te suspicor eisdem rebus quibus me ipsum interdum gravius commoveri, quarum consolatio et maior est et in aliud tempus differenda. nunc autem mihi est visum de senectute aliquid ad te conscribere. hoc enim onere quod mihi commune tecum est, aut iam urgentis aut certe adventantis senectutis et te et me etiam ipsum levari volo; etsi te quidem id modice ac sapienter sicut omnia et ferre et laturum esse certo scio. sed mihi, cum de senectute vellem aliquid scribere, tu occurrebas dignus eo munere quo uterque nostrum communiter uteretur. mihi quidem ita iucunda huius libri confectio fuit, ut

---

1 *Enn. ann.* 335 ss. (*ed. Va.*²) 3 //ec (*erasa N ut vid.*) quid erit pretii (⸮ premii V²)V¹ *om.* P¹ & (*corr. in en* P² hec ⸮ ecce ss. A²) quid erit pr(a)emii b A L P² 4 mihi *om.* b A¹L¹ 5 *Enn. ann.* 338 7 *Enn. ann.* 334 8 cognomen non Ω non cognomen *edd.* 16 etiam *om.* P V 17 etsi ... scio *Char. GL I* 11, 206 etsi te quidem PVL²A² etsi te qui bL¹ aeque A¹ 18 certo (*Char.*) bLP²A² -e P¹VA¹

non modo omnes absterserit senectutis molestias, sed effecerit mollem etiam et iucundam senectutem. numquam igitur digne satis laudari philosophia poterit, cui qui pareat omne tempus aetatis sine molestia possit degere. sed de ceteris et diximus multa et saepe dicemus; hunc librum ad te de senectute misimus. omnem autem sermonem tribuimus non Tithono ut Aristo Cius (parum enim esset auctoritatis in fabula), sed M. Catoni seni, quo maiorem auctoritatem haberet oratio; apud quem Laelium et Scipionem facimus admirantes quod is tam facile senectutem ferat, eisque eum respondentem. qui si eruditius videbitur disputare quam consuevit ipse in suis libris, attribuito litteris Graecis quarum constat eum perstudiosum fuisse in senectute. sed quid opus est plura? iam enim ipsius Catonis sermo explicabit nostram omnem de senectute sententiam.

SCIPIO. Saepe numero admirari soleo cum hoc C. Laelio cum ceterarum rerum tuam excellentem M. Cato perfectamque sapientiam, tum vel maxime, quod numquam tibi senectutem gravem esse senserim quae plerisque senibus sic odiosa est, ut onus se Aetna gravius dicant sustinere.

CATO. Rem haud sane difficilem Scipio et Laeli admirari videmini. quibus enim nihil est in ipsis opis ad bene beateque vivendum, eis omnis aetas gravis est; qui autem omnia bona a se ipsi petunt, eis nihil malum potest videri quod naturae necessitas adferat. quo in genere est in primis senectus; quam ut adipiscantur omnes optant, eandem accusant adepti; tanta est stultitiae inconstantia atque perversitas. obrepere aiunt eam citius quam putavissent. primum quis coegit eos falsum putare? qui enim citius adulescentiae senectus

---
1 omnis ... senectutem *Non. p. 347* absterseris *Non.* 2 etiam eff. *Non.* 4 pareat PV parat A¹L¹ paret b 7 aristo ceus R aristo P aristoteles V 12 qui ... libris *Char. GL I 198, 28* 13 attribuito P¹V id tribuito bL¹A¹ 21 *Eurip. Herc. fur. 637* 29 adepti bL¹A¹KE -am PV 32 senectus quam pueritiae adulescentia *om.* b

quam pueritiae adulescentia obrepit? deinde qui minus gravis esset eis senectus, si octingentesimum annum agerent quam si octogesimum? praeterita enim aetas quamvis longa cum effluxisset, nulla consolatio permulcere posset stultam senectutem. quocirca si sapientiam meam admirari soletis (quae utinam digna esset opinione vestra nostroque cognomine!), in hoc sumus sapientes, quod naturam optumam ducem tamquam deum sequimur eique paremus; a qua non veri simile est, cum ceterae partes aetatis bene discriptae sint, extremum actum tamquam ab inerti poeta esse neglectum. sed tamen necesse fuit esse aliquid extremum et tamquam in arborum bacis terraeque fructibus maturitate tempestiva quasi vietum et caducum, quod ferundum est molliter sapienti. quid est enim aliud Gigantum modo bellare cum dis nisi naturae repugnare?

LAEL. Atqui Cato gratissimum nobis, ut etiam pro Scipione pollicear, feceris, si, quoniam speramus, volumus quidem certe senes fieri, multo ante a te didicerimus quibus facillime rationibus ingravescentem aetatem ferre possimus.

CATO. Faciam vero Laeli, praesertim si utrique vestrum, ut dicis, gratum futurum est.

LAEL. Volumus sane, nisi molestum est Cato, tamquam longam aliquam viam confeceris quam nobis quoque ingrediundum sit, istuc quo pervenisti, videre quale sit.

CATO. Faciam, ut potero Laeli. saepe enim interfui querelis aequalium meorum (pares autem vetere proverbio cum paribus facillime congregantur), quae C. Salinator, quae Sp. Albinus, homines consulares, nostri fere aequales, deplorare solebant, tum quod voluptatibus carerent, sine quibus vitam nullam putarent, tum

---

3 quam si bK quasi L¹A¹ quam P¹V 10 discriptae VL¹A descr- PbL³ 14 quod... sapienti *Non. 347* 19 ut multo L¹A 26 quo PV quod bLA¹ 29 pares... congregantur *Quint. inst. 5, 11, 41 (cf. Amm. 28, 1, 53)* autem Ω autem ut est in *Quint.* 30 facillime Ω maxime *Quint.*

quod spernerentur ab eis a quibus essent coli soliti. qui mihi non id videbantur accusare quod esset accusandum. nam si id culpa senectutis accideret, eadem mihi usu venirent reliquisque omnibus maioribus natu quorum ego multorum cognovi senectutem sine querela, qui se et libidinum vinculis laxatos esse non moleste ferrent nec a suis despicerentur. sed omnium istius modi querelarum in moribus est culpa, non in aetate. moderati enim et nec difficiles nec inhumani senes tolerabilem senectutem agunt, inportunitas autem et inhumanitas omni aetati molesta est.

8 LAEL. Est, ut dicis, Cato; sed fortasse dixerit quispiam tibi propter opes et copias et dignitatem tuam tolerabiliorem senectutem videri, id autem non posse multis contingere.

CATO. Est istud quidem Laeli aliquid, sed nequaquam in isto sunt omnia. ut Themistocles fertur Seriphio cuidam in iurgio respondisse, cum ille dixisset non eum sua, sed patriae gloria splendorem adsecutum: 'nec hercule', inquit, 'si ego Seriphius essem, nec tu si Atheniensis, clarus umquam fuisses.' quod eodem modo de senectute dici potest. nec enim in summa inopia levis esse senectus potest ne sapienti quidem nec insipienti etiam in summa copia non gravis. aptissima omnino sunt Scipio et Laeli arma senectutis artes exercitationesque virtutum, quae in omni aetate cultae, cum diu multumque vixeris, mirificos efferunt fructus, non solum quia numquam deserunt ne extremo quidem tempore aetatis (quamquam id quidem maximum est), verum etiam quia conscientia bene actae vitae multorumque bene factorum recordatio iucundissima est.

---

2 mihi non *om.* b¹ id *om.* L¹A¹   4 uenirent *edd.* even- Ω
5 sine ... 10 senectutem *om.* P¹   13 tuam *om.* V¹L¹
16 est ... nequaquam *Char. GL I 208, 17*   17 seriphios & non eum sua *cet. om.* b   20 essem VbL¹A *(cf. Mdv. opusc. II 274)* essem ignobilis PL²   21 atheniensis L¹A atheniensis esses VbPL²   23 ne sapienti PV² nec sap- V¹bLAK   27 haec ferunt V ecfecerunt P¹

§ 7—11 CATO MAIOR DE SENECTUTE 7ᶜ

ego Q. Maximum, eum qui Tarentum recepit, senem 4
adulescens ita dilexi ut aequalem; erat enim in illo 10
viro comitate condita gravitas nec senectus mores mu-
taverat; quamquam eum colere coepi non admodum
5 grandem natu, sed tamen iam aetate provectum. anno
enim post consul primum fuerat quam ego natus sum,
cumque eo quartum consule adulescentulus miles ad
Capuam profectus sum quintoque anno post ad Tarentum quaestor, deinde quadriennio post factus sum
10 † praetor, quem magistratum gessi consulibus Tudi-
tano et Cethego, cum quidem ille admodum senex
suasor legis Cinciae de donis et muneribus fuit.
hic et bella gerebat ut adulescens, cum plane grandis esset, et Hannibalem iuveniliter exultantem patien-
15 tia sua molliebat; de quo praeclare familiaris noster
Ennius:
   'Oenus homo nobis cunctando restituit rem.
   noenum rumores ponebat ante salutem.
   ergo postque magisque viri nunc gloria claret.'
20 Tarentum vero qua vigilantia, quo consilio recepit! 11
cum quidem me audiente Salinatori, qui amisso oppi-
do fugerat in arcem, glorianti atque ita dicenti: 'mea
opera Q. Fabi Tarentum recepisti': 'certe', inquit ri-
dens, 'nam nisi tu amisisses, numquam recepissem.' nec
25 vero in armis praestantior quam in toga; qui consul
iterum Sp. Carvilio collega quiescente C. Flaminio tri-
buno plebis quoad potuit restitit agrum Picentem et
Gallicum viritim contra senatus auctoritatem dividenti;
augurque cum esset, dicere ausus est optumis auspi-

---

3 grauitas PV uirtus grauitas b uirtus grauis L¹A¹K   7 eo
VL ego PLA   quartum P¹ -o P²VbL¹A   9 *ut supra* PV
quaestor quem (quo A¹) magistratum gessi bL¹A¹ quaestor-
que mag. gessi *Mo.*   14 et Hannibalem ... molliebat *Non.
p. 301 et 347*   17 *Enn. ann. 370 ss.*   homo qui (qui *del.*) P
homo L² qui VbL¹A   18 noenum *Lachm.* non enim Ω
22 fugerat PV²L²A² fuerat *cett.*   arcem *edd.* arce (-che L¹A¹) Ω
24 tu *om.* b tu hic L¹A¹ *cf. de orat. 2, 273*   26 Sp. Caruilio
... diuidenti *Char. GL p. 224, 10*   collega quiescente *om. Char.*

ciis ea geri quae pro rei publicae salute gererentur;
quae contra rem publicam ferrentur, contra auspicia
12 ferri. multa in eo viro praeclara cognovi; sed nihil
admirabilius quam quo modo ille mortem filii tulit,
clari viri et consularis. est in manibus laudatio, quam 5
cum legimus quem philosophum non contemnimus?
nec vero ille in luce modo atque in oculis civium
magnus, sed intus domique praestantior. qui sermo,
quae praecepta, quanta notitia antiquitatis, scientia iuris augurii! multae etiam ut in homine Romano lit- 10
terae; omnia memoria tenebat, non domestica solum,
sed etiam externa bella. cuius sermone ita tum cupide
5
13 fruebar, quasi iam divinarem id quod evenit, illo ex-
tincto fore unde discerem neminem. quorsum igitur
haec tam multa de Maximo? quia profecto videtis ne- 15
fas esse dictu miseram fuisse talem senectutem. nec
tamen omnes possunt esse Scipiones aut Maximi, ut
urbium expugnationes, ut pedestres navalesque pugnas,
ut bella a se gesta, ut triumphos recordentur. est etiam
quiete et pure atque eleganter actae aetatis placida ac 20
lenis senectus, qualem accepimus Platonis, qui uno et
octogesimo anno scribens est mortuus, qualem Isocratis, qui eum librum qui Panathenaicus inscribitur, quarto et nonagesimo anno scripsisse se dicit vixitque quin-
quennium postea; cuius magister Leontinus Gorgias 25
centum et septem complevit annos neque umquam in
suo studio atque opere cessavit. qui, cum ex eo quaere-
retur cur tam diu vellet esse in vita: 'nihil habeo', inquit, 'quod accusem senectutem.' praeclarum respon-
14 sum et docto homine dignum. sua enim vitia insipientes 30

---

2 ferrentur PV ferentur b L¹A¹   3 nihil b L¹A nihil est
PVL²   4 filii V marci f. Ω; cf. Lael. 2, 9   10 ut om. V
14 quorsum b L² quorsus PVA² cursum L¹A¹   18 naualesque
Ω -ve PA²   19 ut bella om. b   a om. L¹A¹   22 isocratis
edd. socrati(e)s Ω   24 se dicit b LA¹P² se dicitur P¹A² dicitur V   29 quod Ω quae L¹A¹

et suam culpam in senectutem conferunt; quod non faciebat is cuius modo mentionem feci, Ennius:
'Sicuti fortis equus spatio qui saepe supremo
vicit Olympia, nunc senio confectus quiescit.'
equi fortis et victoris senectuti comparat suam. quem quidem probe meminisse potestis; anno enim undevicensimo post eius mortem hi consules T. Flamininus et M'. Acilius facti sunt, ille autem Caepione et Philippo iterum consulibus mortuus est, cum ego quinque et sexaginta annos natus legem Voconiam magna voce et bonis lateribus suasissem. annos septuaginta natus (tot enim vixit Ennius) ita ferebat duo quae maxima putantur onera, paupertatem et senectutem, ut eis paene delectari videretur.

Etenim cum conplector animo, quattuor reperio causas, cur senectus misera videatur, unam quod avocet a rebus gerendis, alteram quod corpus faciat infirmius, tertiam quod privet fere omnibus voluptatibus, quartam quod haud procul absit a morte. earum si placet causarum quanta quamque sit iusta una quaeque, videamus.

A rebus gerendis senectus abstrahit. quibus? an iis quae iuventute geruntur et viribus? nullaene igitur res sunt seniles quae vel infirmis corporibus animo tamen administrentur? nihil ergo agebat Q. Maximus, nihil L. Paulus, pater tuus, socer optimi viri filii mei? ceteri senes, Fabricii Curii Coruncanii, cum rem publicam consilio et auctoritate defendebant, nihil agebant? ad Appi Claudi senectutem accedebat etiam ut caecus esset; tamen is, cum sententia senatus inclinaret ad pacem cum Pyrrho foedusque faciendum, non dubitavit dicere illa quae versibus persecutus est Ennius:

---

2 feci V fecit Pb AL² facit L¹   3 *Enn. ann. 374s.*   6 anno enim undeuicensimo L²HE -um enim -um Ω   8 facti sunt *om.* b L¹A¹   11 suasissem VLAP² suassim sem b suasisset P¹ *ut uid.* suasi. Sed *Fo.*   12 *cf. Menand. monost. 461*   16 unam quod auocet a rebus gerendis *om.* b   24 similes P¹A²̱ similes seniles K

'Quo vobis mentes, rectae quae stare solebant
antehac, dementes sese flexere viai?'
ceteraque gravissime; notum enim vobis carmen est;
et tamen ipsius Appi extat oratio. atque haec ille egit
septimo decimo anno post alterum consulatum, cum
inter duos consulatus anni decem interfuissent censor-
que ante superiorem consulatum fuisset; ex quo intellegitur Pyrrhi bello grandem sane fuisse; et tamen
17 sic a patribus accepimus. nihil igitur adferunt qui in
re gerunda versari senectutem negant, similesque sunt,
ut si qui gubernatorem in navigando nihil agere dicant,
cum alii malos scandant, alii per foros cursent, alii
sentinam exhauriant, ille autem clavum tenens quietus
sedeat in puppi, non faciat ea quae iuvenes, at vero
multo maiora et meliora faciat. non viribus aut ve-
locitate aut celeritate corporum res magnae geruntur,
sed consilio auctoritate sententia; quibus non modo
18 non orbari, sed etiam augeri senectus solet. nisi forte
ego vobis, qui et miles et tribunus et legatus et consul
versatus sum in vario genere bellorum, cessare nunc
videor, cum bella non gero; at senatui quae sint ge-
renda, praescribo et quo modo, Karthagini cum male
iam diu cogitanti bellum multo ante denuntio; de qua
vereri non ante desinam quam illam excisam esse
19 cognovero. quam palmam utinam di inmortales Scipio tibi reservent, ut avi reliquias persequare! cuius
a morte tertius hic et tricesimus annus est, sed memoriam illius viri omnes excipient anni consequentes.
anno ante me censorem mortuus est, novem annis post
meum consulatum, cum consul iterum me consule cre-
atus esset. num igitur si ad centesimum annum vixis-

---

1 *Enn. ann.* 202s.   2 se V³ uiai *Lb. (ad Hor. carm. 3, 5, 45)*
uia Ω ruina Q   5 septimo decimo (XVII d) anno H Q S¹ d
septem decem annos Ω   cum ... consulatum *om.* L¹A¹
11 in hisqui b ut his qui L¹A¹   dicunt P V   18 orba L¹A¹
22 cum *coniec!* cui Ω   23 bello b   30 cum consul b L¹A¹ cum
simul consul P V L²A²

set, senectutis eum suae paeniteret? nec enim excursione nec saltu nec eminus hastis aut comminus gladiis uteretur, sed consilio ratione sententia. quae nisi essent in senibus, non summum consilium maiores nostri appellassent senatum. apud Lacedaemonios quidem ii qui amplissimum magistratum gerunt, ut sunt sic etiam nominantur senes. quodsi legere aut audire voletis externa, maximas res publicas ab adulescentibus labefactatas, a senibus sustentatas et restitutas reperietis.
'Cedo quí vestram rem públicam tantam ámisistis tám cito?' sic enim percontantibus in Naevi poetae Ludo respondentur et alia et hoc in primis: 'proveniebant orátores noví, stulti adulescéntuli.' temeritas est videlicet florentis aetatis, prudentia senescentis.

At memoria minuitur. credo, nisi eam exerceas, aut etiam si sis natura tardior. Themistocles omnium civium perceperat nomina; num igitur censetis eum, cum aetate processisset, qui Aristides esset, Lysimachum salutare solitum? equidem non modo eos novi qui sunt, sed eorum patres etiam et avos nec sepulcra legens vereor quod aiunt, ne memoriam perdam; his enim ipsis legendis in memoriam redeo mortuorum. nec vero quemquam senem audivi oblitum quo loco thesaurum obruisset; omnia quae curant meminerunt, vadimonia constituta, qui sibi, cui ipsi debeant. quid? iuris consulti, quid? pontifices, quid? augures, quid?

---

2 aut Ω ut L A¹ 6 sint b 7 & sic L¹ senes om. L¹ 8 externa p (?) -as Ω 9 labaefactas L¹ sustentas V 11 Naev. oraetext. 7 quia L¹A¹ rep b rem L¹A¹ 12 percontantibus Mo. percontantur (-cuntantur L, -cunctantur A²) ut (ut est PL²Rvsr)Ω poetae ludo b L¹AP² posteriori libro P¹V 13 Naev. praetext. 8 prouenlebant Vb -uenientur P¹, -uenient P²L² -uentebant L¹, -uentabant A¹ 14 nonuis L¹A¹ 15 senectutis b 16 at enim memoria deficit Lact. inst. 7, 12, 13 aut Ω ut L A¹ 19 quia risti di resset b quia isti deesset L¹A¹ 21 eorum Ω mo b¹ eo corr. b¹ 22 ne om. Vb 25 omni aeque L¹ cura ut L¹ meminerint b² (-rit b¹) L¹A¹ 26 quis sibi V¹(?) L A 27 consultiq; id b quia augures L¹

philosophi senes quam multa meminerunt! manent ingenia senibus, modo permaneat studium et industria, neque ea solum in claris et honoratis viris, sed in vita etiam privata et quieta. Sophocles ad summam senectutem tragoedias fecit; quod propter studium cum rem neglegere familiarem videretur, a filiis in iudicium vocatus est, ut quem ad modum nostro more male rem gerentibus patribus bonis interdici solet, sic illum quasi desipientem a re familiari removerent iudices. tum senex dicitur eam fabulam quam in manibus habebat et proxime scripserat, Oedipum Coloneum, recitasse iudicibus quaesisseque num illud carmen desipientis videretur. quo recitato sententiis iudicum est liberatus. 23 num igitur hunc, num Homerum Hesiodum Simonidem Stesichorum, num quos ante dixi, Isocraten Gorgian, num philosophorum principes, Pythagoram Democritum, num Platonem, num Xenocraten, num postea Zenonem Cleanthem aut eum quem vos etiam vidistis Romae, Diogenem Stoicum, coegit in suis studiis obmutescere senectus? an in omnibus his studiorum agitatio vitae aequalis fuit? age ut ista divina studia omittamus, possum nominare ex agro Sabino rusticos 24 Romanos vicinos et familiares meos; quibus absentibus numquam fere ulla in agro maiora opera fiunt, non serendis, non percipiendis, non condendis fructibus. quamquam in aliis minus hoc mirum est; nemo enim est tam senex qui se annum non putet posse vi-

---

1 qua bL^1A^1 2 dummodo P^2 3 ea *om.* A^1 4 Sophocles ... fecit (*cetera contracta usque ad* liberatus est) *Char. GL I 215, 9* 5 propter quod VbL^1A^2 & propterquod A^1 quod propter studium cum rem neglegere familiarem vide *om.* L^1 14 hunc num homerum b A hunc omerum L^1 nunc homerum L^2 hunc num esiodum PV 15 isocraten P^2 socraten Ω gorgian num Ω gorgianum A^1 gorgian num homerum num PV 17 xenocraten Ω xenoncraten b senocraten L^1 19 in *om.* L^1 20 his *om.* PLA^1p 21 ut *om.* L^1 istam L^1 22 committamus LA 26 mirum est bL^1A^1p *Mdv.* mirum sit PVL^2A^2 27 enim est PV est enim bL^2A enim L^1

vere; sed idem in eis elaborant quae sciunt nihil ad se
omnino pertinere: 'serit arbores, quae alteri saeculo
prosint', ut ait Statius noster in Synephebis. nec vero 25
dubitat agricola, quamvis sit senex, quaerenti cui serat,
5 respondere: 'dis inmortalibus, qui me non accipere modo haec a maioribus voluerunt, sed etiam posteris pro-
dere.' et melius Caecilius de sene alteri saeculo pro- 8
spiciente quam illud idem:
  'Edepól senectus, sí nil quicquam aliúd viti
10 adpórtes tecum, cum ádvenis, unum íd sat est,
  quod díu vivendo múlta quae non vólt, videt.'
et multa fortasse quae volt! atque in ea quae non volt,
saepe etiam adulescentia incurrit. Illud vero idem Caecilius vitiosius:
15 'Tum equidem ín senecta hoc députo misérrimum,
  sentire ea aetate éumpse esse odiosum álteri.'
iucundum potius quam odiosum. ut enim adulescen- 26
tibus bona indole praeditis sapientes senes delectantur
leviorque fit senectus eorum qui a iuventute coluntur
20 et diliguntur, sic adulescentes senum praeceptis gau-
dent quibus ad virtutum studia ducuntur; nec minus
intellego me vobis quam mihi vos esse iucundos. sed
videtis ut senectus non modo languida atque iners non
sit, verum etiam sit operosa et semper agens aliquid
25 et moliens, tale scilicet quale cuiusque studium in su-
periore vita fuit. quid? qui etiam addiscunt aliquid?
ut et Solonem versibus gloriantem videmus qui se co-

---

1 laborant V¹ a se bLA¹ 2 Caecil. com. 210 3 prosint Ω
-sit b, -sient P² 4 sit om. L¹ 4 cuius erat V¹bL¹A¹ 8 illud
ennii idem P²bL illud enim idem A 9 Caecil. com. 173 ss. ad
aliud V¹ uiti edd. uitii Ω 12 aitque bA¹ aitquae L¹ 13 Caecilius uitiosius illud ait de senectute Char. GL I 224, 8 uitiosius ait L² 15 Caecil. com. 28 s. quidem L¹A¹ 16 eumpse
esse coni. Fleckeisen (Jahrb. 91 [1865] p. 566): eum ipsum esse
codd. Non. p. 1 eum se esse VbL¹A¹ esse P se esse L²
18 pr(a)edisti L¹A¹ delectentur b 19 colitur et diligitur V
20 sic... ducuntur Non. p. 283 21 dicuntur b 23 iners... moliens Non. p. 346 cf. Lact. inst. 7, 12, 12 26 f. quicquid e. V¹L¹A¹

tidie aliquid addiscentem dicit senem fieri, et ego feci, qui litteras Graecas senex didici; quas quidem sic avide arripui, quasi diuturnam sitim explere cupiens, ut ea ipsa mihi nota essent quibus me nunc exemplis uti videtis. quod cum fecisse Socratem in fidibus audirem, 5 vellem equidem etiam illud (discebant enim fidibus antiqui), sed in litteris certe elaboravi.
Nec nunc quidem vires desidero adulescentis (is enim erat locus alter de vitiis senectutis), non plus quam adulescens tauri aut elephanti desiderabam. quod est, 10 eo decet uti et quicquid agas, agere pro viribus. quae enim vox potest esse contemptior quam Milonis Crotoniatae? qui cum iam senex esset athletasque se exercentes in curriculo videret, aspexisse lacertos suos dicitur inlacrimansque dixisse: 'at hi quidem mortui iam 15 sunt.' non vero tam isti quam tu ipse nugator! neque enim ex te umquam es nobilitatus, sed ex lateribus et lacertis tuis. nihil Sex. Aelius tale, nihil multis annis ante Ti. Coruncanius, nihil modo P. Crassus, a quibus iura civibus praescribebantur; quorum usque ad ex- 20 tremum spiritum est provecta prudentia. orator metuo ne languescat senectute; est enim munus eius non ingenii solum, sed laterum etiam et virium. omnino canorum illud in voce splendescit etiam nescio quo pacto in senectute, quod equidem adhuc non amisi, et videtis 25 annos; sed tamen est decorus senis sermo quietus et remissus facitque persaepe ipsa sibi audientiam diserti

---

1 cf. Plutarch. Solon. 31 γηράσκω δ' αἰεὶ πολλὰ διδασκόμενος Val. Max. 8, 17, 14 dic& se nec fieri bL¹A¹ dicit & senē fieri L² et ego Mdv. ut ego Ω 4 essent nota P¹ ut uidetis L¹ utquidetis b 5 fecissem P¹V¹L²A²K fidimus b finibus L² audire P¹V 6 equidem usque cum litteris om. A¹ 8 ne nunc V 9 diuitias PL² quam om. V¹ 10 desiderabant bL¹A¹ 11 dec& uti es b dec& tutius A docet uti es L¹ 13 exerantes L 18 sextus (a)emilius PVL²A² 19 ante om. V¹ Ti. edd. titus Ω quorum canius A¹ p. PbA² pre L¹A¹ post V 23 solum om. V¹ 24 in om. b 26 sed tamen ... remissus Non. p. 383 27 facitque ... oratio Non. p. 343 persaepe ipsa Non. PVbL²A² per se ipsa L¹A¹ audientia Non. dissertis Non.

senis cocta et mitis oratio. quam si ipse exequi nequeas, possis tamen Scipioni praecipere et Laelio. quid enim est iucundius senectute stipata studiis iuventutis? an ne tales quidem vires senectuti relinquemus ut adulescentes doceat, instituat, ad omne officii munus instruat? quo quidem opere quid potest esse praeclaclarius? mihi vero et Cn. et P. Scipiones et avi tui duo L. Aemilius et P. Africanus comitatu nobilium iuvenum fortunati videbantur nec ulli bonarum artium magistri non beati putandi, quamvis consenuerint vires atque defecerint. etsi ipsa ista defectio virium adulescentiae vitiis efficitur saepius quam senectutis; libidinosa enim et intemperans adulescentia effetum corpus tradit senectuti. Cyrus quidem apud Xenophontem eo sermone quem moriens habuit, cum admodum senex esset, negat se umquam sensisse senectutem suam imbecilliorem factam quam adulescentia fuisset. ego L. Metellum memini puer, qui cum quadriennio post alterum consulatum pontifex maximus factus esset, viginti et duos annos ei sacerdotio praefuit, ita bonis esse viribus extremo tempore aetatis, ut adulescentiam non requireret. nihil necesse est mihi de me ipso dicere, quamquam est id quidem senile aetatique nostrae conceditur. videtisne ut apud Homerum saepissime Nestor de

---

1 senis Ω sermonibus (-onis L¹) *Non.* cocta *Noni cod. E et* b L¹A¹ coacta *Noni cod.* A^A compta *Noni cod. Gen.*² PVL³A²K composita Q *om. Noni codd.* LB^A 3 iuuentatis b A² -tatas A¹ 4 an ne tales *Se.* an tales S anne has tales m annales PVbLAK an ne illas *Anz Mue.* relinquimus PVA³ *Ha.*
5 ac L¹ 6 qui quidem V¹ quis b L¹A¹ 7 & GN *(in ras.)* & p scipiones P¹ (& GN p. scipiones P²) & gneus & p. scipiones V³A² & neus (neus b) & (*om.* L) prae (p̃.) scipiones V¹b L¹A¹ & gneus p. (c. *glossa* p̃õpel') scipiones L² et aui tui duo PVL²A² aui tui duo b aut uiduo L¹A¹ 8 b. aemillius b L¹A⁴ emilius V et *om.* PA² p. PV²A² prae V¹bLA¹ 11 defecerunt P¹ ipsa ista P¹LA ista ipsa P²V ista b 13 effectum b L¹A¹
14 *cf. Xen. Cyrop.* 8, 7, 6 15 cum ad(m)modum V b L¹A p² quem admodum PL³p¹E esset Ω esse L¹A¹ 23 nr̃a b L¹A
24 ut *om.* V¹ mestor b

virtutibus suis praedicet? iam enim tertiam aetatem
hominum videbat nec erat ei verendum ne vera prae-
dicans de se nimis videretur aut insolens aut loquax.
etenim ut ait Homerus 'ex eius lingua melle dulcior
fluebat oratio', quam ad suavitatem nullis egebat corporis viribus. et tamen dux ille Graeciae nusquam
optat ut Aiacis similes habeat decem, sed ut Nestoris;
quod si sibi acciderit, non dubitat quin brevi sit Troia
peritura. sed redeo ad me. quartum ago annum et
octogesimum; vellem equidem idem possem gloriari
quod Cyrus, sed tamen hoc queo dicere, non me quidem iis esse viribus quibus aut miles bello Punico aut
quaestor eodem bello aut consul in Hispania fuerim
aut quadriennio post, cum tribunus militaris depugnavi
apud Thermopylas M'. Glabrione consule, sed tamen
ut vos videtis non plane me enervavit, non adflixit senectus, non curia vires meas desiderat, non rostra, non
amici, non clientes, non hospites. nec enim umquam
sum adsensus veteri illi laudatoque proverbio quod
monet 'mature fieri senem, si diu velis senex esse.'
ego vero me minus diu senem esse mallem quam esse
senem ante quam essem. itaque nemo adhuc convenire
me voluit cui fuerim occupatus. at minus habeo virium
quam vestrum utervis. ne vos quidem T. Ponti cen-

---

1 praedicit A *Hom. Il. I 250* iam enim tertiam Ω tertiam
iam enim P   2 uiuebat PL² nec uera (-e L¹) b L¹A¹   3 minis L¹
4 ·t at L¹ *Hom. Il. I 249 Rhet. Her. 4, 33, 44 Plin. epist. 4, 3, 3*
melli bL¹   5 ad quam PVL²   6 *Hom. Il. II 371 ss.* grecia enas-
quam otat ut at iacis b easquam otat ut aiacis L¹ greci eneas
quā ẞ (ęnusquam A²) otia tuta eaci A   7 sed ut *edd.* sed sex
PVL¹ sed vɪ L¹ sed uɪ bA   8 si *om.* b acciderit Ω acciderit
aiacis (acis L² aiacis L³) similem habeat ducem at ut (aut *pro*
at ut L³) nestoris PL² qui in bL¹ breuis L¹A¹   9 quarto L¹A
10 possem V¹ b possim L A posse PV²   11 nonne quidem V¹
12 milites b   13 eodem Ω enodem L¹A¹ in eodem L² in his-
paniam L A¹ in spania b   14 cum *om.* V bL¹A¹ depugnauit
A¹(L?)   16 enarrauit L¹A¹   21 diu semen b mallem Ω -llim
L¹A¹   23 cui R qui PV¹L²A² cum bL¹A¹ quominus V² fuerit
L¹A¹   24 ne vos ... praestantior *Non. p. 371*

§ 31—34   CATO MAIOR DE SENECTUTE   17°

turionis vires habetis; num idcirco est ille praestantior? moderatio modo virium adsit et tantum quantum potest quisque nitatur; ne ille non magno desiderio tenebitur virium. Olympiae per stadium ingres-
5 sus esse Milo dicitur, cum humeris sustineret bovem. utrum igitur has corporis an Pythagorae tibi malis vires ingenii dari? denique isto bono utare, dum adsit, cum absit, ne requiras, nisi forte adulescentes pueritiam, paulum aetate progressi adulescentiam de-
10 bent requirere. cursus est certus aetatis et una via naturae eaque simplex suaque cuique parti aetatis tempestivitas est data, ut et infirmitas puerorum et ferocitas iuvenum et gravitas iam constantis aetatis et senectutis maturitas naturale quiddam habeat, quod
15 suo tempore percipi debeat. audire te arbitror Scipio, 34 hospes tuus avitus Masinissa quae faciat hodie nonaginta natus annos; cum ingressus iter pedibus sit, in equum omnino non ascendere, cum autem equo, ex equo non descendere, nullo imbri, nullo frigore ad-
20 duci ut capite operto sit, summam esse in eo siccitatem corporis, itaque omnia exequi regis officia et munera. potest igitur exercitatio et temperantia etiam in se-
·nectute conservare aliquid pristini roboris.

Non sunt in senectute vires. ne postulantur quidem 11
25 vires a senectute. ergo et legibus et institutis vacat

---

3 ne ille non P ne ille quidem non VbLA   5 bouem. Utrum *Man.* bouem. uirum bA¹ (uires A²) bouem uirum L¹ bouem uluum PVL²p   6 phitagora & L¹   mala his b ▮ malas L¹A¹
8 reliquira b reliquias L¹A¹   9 paululum L² -olum L¹   10 cursus ... est data *Non. p. 408*   11 aeque L¹   parti aetatis *Non. codd.* LC᷄ parci(a)etatis bL¹A¹   parcitatis PVL²A²K H¹av et *Noni cod.* B᷄   12 ut et Ω ut L¹   15 pr(a)ecipi L¹A¹   audire te PVbL² audiss& ea L¹ audis& ea A¹ audisse te A²   16 hospestus L¹ hospastus A¹ auitus *edd.* habitus Ω   17 ingressus iter pedibus *Char. GL I 215, 24*   19 non *om.* L¹   nullo imbri ... siccitatem *Non. p. 395*   nullo imbri ... operto sit *Non. p. 246* imbri *Non.* VbL¹ ymbri A imbre PL² adducit L¹
20 corporis siccitatem *Non.*   22 in *om.* PV   24 non desunt V ne desint PL²A²KHE¹ (nec) m ne sint Rl non sint n

aetas nostra muneribus iis quae non possunt sine viribus sustineri. itaque non modo quod non possumus, sed ne quantum possumus quidem cogimur. at multi ita sunt inbecilli senes ut nullum officii aut omnino vitae munus exsequi possint. at id quidem non proprium senectutis vitium est, sed commune valetudinis. quam fuit inbecillus P. Africani filius is qui te adoptavit, quam tenui aut nulla potius valetudine! quod ni ita fuisset, alterum illud extitisset lumen civitatis; ad paternam enim magnitudinem animi doctrina uberior accesserat. quid mirum igitur in senibus, si infirmi sint aliquando, cum id ne adulescentes quidem effugere possint? resistendum Laeli et Scipio senectuti est eiusque vitia diligentia compensanda sunt; pugnandum tamquam contra morbum sic contra senectutem, habenda ratio valetudinis, utendum exercitationibus modicis, tantum cibi et potionis adhibendum ut reficiantur vires, non opprimantur. nec vero corpori solum subveniendum est, sed menti atque animo multo magis; nam haec quoque, nisi tamquam lumini oleum instilles, extinguuntur senectute. et corpora quidem exercitationum defatigatione ingravescunt, animi autem se exercendo levantur. nam quos ait Caecilius 'comicos stultos senes', hos significat credulos obliviosos dissolutos, quae vitia sunt non senectutis, sed inertis igna-

---

1 quae non ER qñ AL¹ qñdo L² quoniam Pb²L²K quomi b¹ qm̃ non V 3 ne om. A¹ cogemur L¹A¹ ad multa A¹ 4 ut Ω sunt L¹ 5 possunt VbL¹A ad bL¹ 7 fuit Ω sunt L¹ incillus b 8 tenuit bL¹A aut Ω ut V¹ quod Ω quam L¹ 9 ni ita PVL²A² nita L¹A¹ ita b extitisset Ω -e¹. sed L¹A¹ 12 sunt A¹H nec A¹ 15 cf. Ter. Phorm. 575 morborum L¹AK morborum uim L² et Mue. Se. Anz Lg. si b 16 utendum usque cum potionis om. bL¹A¹ 18 non Ω ne b ueri L 21 extinguitur V 22 defatigatione VbL¹A¹KpE -fetigatione PL²A² se Ω Or. Se. om. PL² Ha. Mue. 23 exercitando P Ha. Caecil. com. 243 co(a)micos codd. Lael. 99 -us Ω 24 hos om. V¹ hoc PV² 25 quae vitia ... somniculose senectutis Non. p. 33 sunt non senectutis sed inertis ignavae om. bL¹A¹ inertis PVL²A² incertae Non. ignauiae PVL²A²

vae somniculosae senectutis. ut petulantia, ut lubido magis est adulescentium quam senum nec tamen omnium adulescentium, sed non proborum, sic ista senilis stultitia quae deliratio appellari solet, senum levium
5 est, non omnium. quattuor robustos filios, quinque fi- 37 lias, tantam domum, tantas clientelas Appius regebat et caecus et senex; intentum enim animum tamquam arcum habebat nec languescens succumbebat senectuti; tenebat non modo auctoritatem, sed etiam imperium in
10 suos, metuebant servi, verebantur liberi, carum omnes habebant; vigebat in illa domo mos patrius disciplina. ita enim senectus honesta est, si se ipsa defendit, si ius 38 suum retinet, si nemini emancipata est, si usque ad ultimum spiritum dominatur in suos. ut enim adu-
15 lescentem in quo est senile aliquid, sic senem in quo est aliquid adulescentis, probo; quod qui sequitur corpore senex esse poterit, animo numquam erit. Septimus mihi liber Originum est in manibus, omnia antiquitatis monumenta colligo, causarum inlustrium quas-
20 cumque defendi, nunc cum maxime conficio orationes, ius augurium pontificium civile tracto, multum etiam Graecis litteris utor Pythagoreorumque more exercen-

---

3 sic itas b scisitas L^1 sinilis b   4 senium b euium $V^1L^1A^1$ euum b   5 quinque A^2 tantum quinque PVL^2 tanam quinque bL^1A^1 (quique L^1) etiam quinque? *Vollmer*   6 tantam $PV^2L^2A^2$ tantās b -as L^1A^1 10 seui bA^1 se L^1 uerebatur b   11 uigebant V^1 in illa domo mos ER *Parisini 6342 et 6360*, in illa domos b in illa domus L^1A^1 in illo domu A^2 in illo animus PVL^2A^3 in illa domo p patrius disciplina $P^1VbL^2A^3$ patria disciplina P^2 patri domus disciplina L^1 patri disciplina A^1 patris disciplina A^2p 12 ita enim...dominatur *Non. p. 105* ius suum PA^2 usum V uisum bLA^1 13 si nemini emancupata est *Non.* si menti mancipata est PVL^2A^3Kp mente sine mancipata est b si neminem mancipata est L^1A^1 usque ad *om.* V
15 semen b   16 quis bL^1A^1 *om.* V^1 corpores b   19 monumento L   20 nunc cum bL^1A^1 nuncquam $PV^2L^2A^2H$ (nuquā V^1)
21 sius bL^1A^1 augurium R -rum PVbLA   pontificium $PV^2L^2A^2$ -ficum bL^1A^1 -fici V^1 22 Pythagoreumque ... vesperi *Non. p. 91*   exercendae Ω et *Non.* -do bL^1

dae memoriae gratia quid quoque die dixerim audierim egerim, commemoro vesperi. haec sunt exercitationes ingenii, haec curricula mentis, in his desudans atque elaborans corporis vires non magno opere desidero. adsum amicis, venio in senatum frequens ultroque adfero res multum et diu cogitatas easque tueor animi, non corporis viribus. quae si exequi nequirem, tamen me lectulus meus oblectaret ea ipsa cogitantem quae iam agere non possem; sed ut possim, facit acta vita. semper enim in his studiis laboribusque viventi non intellegitur quando obrepat senectus. ita sensim sine sensu aetas senescit nec subito frangitur, sed diuturnitate extinguitur.

Sequitur tertia vituperatio senectutis, quod eam carere dicunt voluptatibus. o praeclarum munus aetatis, siquidem id aufert a nobis quod est in adulescentia vitiosissimum! accipite enim optimi adulescentes veterem orationem Archytae Tarentini, magni in primis et praeclari viri, quae mihi tradita est, cum essem adulescens Tarenti cum Q. Maximo. nullam capitaliorem pestem quam voluptatem corporis hominibus dicebat a natura datam, cuius voluptatis avidae libidines temere et effrenate ad potiundum incitarentur. hinc patriae proditiones, hinc rerum publicarum eversiones, hinc cum hostibus clandestina colloquia nasci, nullum

---

1 memoriae Ω et Non. -ia L A¹ egratia A¹ egregia L aut audierim L¹A¹ 2 haec b L hae P V A 5 amiscis L¹A¹ ultroque P L²A² utroque V b L¹A 7 non Ω in P¹ quae b L¹A¹E R (cf. Cato 3,7 interful querelis... quae C. Salinator, quae Sp. Albinus... deplorare solebant) quas P V si om. V¹ exequi (exs- b L²A²) nequirem (-em V) P V b L²A² ex sene qu(a)erem L¹A¹ 8 qui eam b L¹ 9 agere non possem P V²L¹A² (agerem possem V¹) agerem semper enim cetera om. b L¹A¹ 10 laboribus quem b 11 obreptat P¹A² Ita insensim L¹ Ita ⧟ sensit A¹ 12 frangitur subito V 16 a om. b L¹A¹ 17 accirite b L¹A¹ ostimi b ortum L¹ ortimi A¹ 20 taureti b L A¹ tareti A² nullam a natura datam cet. om. L¹ 22 a om. V¹ datus b avidae... incitarentur Char. GL I p. 198, 30 23 et effrenate Char. P³V¹ L²A² et ecfrenate P¹V² et frenate (-ę b) b L¹A¹ potiundum Char. V 25 nullum denique... inpelleret Non. p. 309

§ 38—42　　CATO MAIOR DE SENECTUTE　　21°

denique scelus, nullum malum facinus esse ad quod
suscipiendum non lubido voluptatis inpelleret, stupra
vero et adulteria et omne tale flagitium nullis excitari
aliis inlecebris nisi voluptatis; cumque homini sive natura sive quis deus nihil mente praestabilius dedisset,
huic divino muneri ac dono nihil tam esse inimicum
quam voluptatem; nec enim lubidine dominante tem- 41
perantiae locum esse neque omnino in voluptatis regno
virtutem posse consistere. quod quo magis intellegi
posset, fingere animo iubebat tanta incitatum aliquem
voluptate corporis quanta percipi posset maxima; nemini censebat fore dubium quin tam diu, dum ita gauderet, nihil agitare mente, nihil ratione nihil cogitatione consequi posset. quocirca nihil esse tam detestabile quam voluptatem, siquidem ea, cum maior esset
atque longior, omne animi lumen extingueret. haec cum
C. Pontio Samnite, patre eius a quo Caudino proelio
Sp. Postumius T. Veturius consules superati sunt, lo-
cutum Archytam Nearchus Tarentinus hospes noster,
qui in amicitia populi Romani permanserat, se a maioribus natu accepisse dicebat, cum quidem ei sermoni
interfuisset Plato Atheniensis, quem Tarentum venisse
L. Camillo Ap. Claudio consulibus reperio. quorsus 42
hoc? ut intellegeretis, si voluptatem aspernari ratione
et sapientia non possemus, magnam habendam esse

---

1 facim L¹   2 stupra vero et ... posse consistere *Lact. inst.*
6, 20, 4 cf. 6, 19, 10   3 omne Ω -nia *Lact. cod. vetustissi-
mus* tale *om. Lact. codd.*   excitari *Lact. codd. et* PVb exer-
citari LAK   4 incelibris L¹A¹   5 si quis A¹   6 esse *om. Lact.
codd.*   8 regno PV²L²A² regnum V¹bL¹A¹   10 posset ER
ut vid. -it Ω   fingere possit A¹   11 posset Ω -it V¹
13 ager&itare b   14 esset A¹K   15 quam PV²A² tamquam V¹
bLA¹   *post* detestabile *in* H² *et* E *primum glossam legimus*
tamque pestiferum   16 longior PVAL²K longi bL¹ longinquior
BERSm   18 sp. iustinus b t. ueteriusP¹ tueturius V ueterius b
sint Vb   21 ei PVL²A² si bL¹A¹   sermone L¹   22 quam
A¹   23 Ap. *edd.* app̅ P p. b p̄ VA pre L¹ *om.* L²   24 hoc
om. A¹

senectuti gratiam, quae efficeret ut id non luberet quod
non oporteret. impedit enim consilium voluptas, rationi
inimica est, mentis ut ita dicam praestringit oculos nec
habet ullum cum virtute commercium. invitus feci ut
fortissimi viri T. Flaminini fratrem L. Flamininum e 5
senatu eicerem septem annis post quam consul fuisset,
sed notandam putavi libidinem. ille enim cum esset
consul in Gallia, exoratus in convivio a scorto est ut
securi feriret aliquem eorum, qui in vinculis essent
damnati rei capitalis. hic Tito fratre suo censore qui 10
proximus ante me fuerat, elapsus est; mihi vero et
Flacco neutiquam probari potuit tam flagitiosa et
tam perdita lubido, quae cum probro privato coniunge-
ret imperii dedecus. saepe audivi e maioribus natu,
qui se porro pueros e senibus audisse dicebant, mirari 15
solitum C. Fabricium quod, cum apud regem Pyrrhum
legatus esset, audisset e Thessalo Cinea esse quendam
Athenis qui se sapientem profiteretur, eumque dicere
omnia quae faceremus, ad voluptatem esse referenda.
quod ex eo audientes M'. Curium et Ti. Coruncanium 20
optare solitos ut id Samnitibus ipsique Pyrrho per-
suaderetur, quod facilius vinci possent, cum se voluptatibus dedissent. vixerat M'. Curius cum P. Decio, qui

---

1 efficere V^1 effecerit A^1 2 enim Ω enim libido L^2 voluptas...commercium *Non. p. 34*   4 commerentiam A^1 5 e senatu Ω ex senatu V ēē L   6 septem Ω (VII Vb) VI L^1A 7 notandum V^1b 8 exoratus P^2bLA^1 exhoratus E^2 exortatus P^1VA a *om.* b^1 *add.* b^1 *ut vid.*   11 mihi vero (*om. et Flacco*) ...libido *Char. GL I 208, 14*   12 flaccone uti bL^1A^1 prognari L^1A^1 13 tam perdita *Char. et* P perdita VbLAE probo V^1A^1 coniunget bL^1A 14 audiui e ER *Mo.* (*cf. infra ex eo audientes*), audiui ex *Bai. Mue. Anz* audiui a p *Gudianus Ha.* audiui ea $V^1bL^1A^1$ (Ω?) audiui ea a $PV^2L^2A^2$ 15 e senibus bA^1 ac senibus L^1 a senibus $P^2VL^2A^2$ a senatibus P^1 17 audisset *om.* L^1A^1 e thessalo bL^1A^1R a thessalo PVL^2A^2 cinea *edd.* ciue PVL^2A^2 ciui R cui E^1 nice bL^1A^1 nica p   19 ferenda L^1 21 samnitibus Ω nitibus L^1 sannitibus L^2 22 quod V^1bLA^1 quo PV^2A^2 possent *om.* V^1 se Ω si se A^1 23 quin b

§ 42—45 CATO MAIOR DE SENECTUTE 23ᵉ

quinquennio ante eum consulem se pro re publica quarto consulatu devoverat; norat eundem Fabricius, norat Coruncanius; qui cum ex sua vita tum ex eius quem dico Deci facto iudicabant esse profecto aliquid
5 natura pulchrum atque praeclarum, quod sua sponte peteretur quodque spreta et contempta voluptate optumus quisque sequeretur. quorsus igitur tam multa de 44 voluptate? quia non modo vituperatio nulla, sed etiam summa laus senectutis est, quod ea voluptates nullas
10 magnopere desiderat. caret epulis extructisque mensis et frequentibus poculis, caret ergo etiam vinulentia et cruditate et insomniis. sed si aliquid dandum est voluptati, quoniam eius blanditiis non facile obsistimus (divine enim Plato 'escam malorum' appellat volupta-
15 tem, quod ea videlicet homines capiantur ut pisces), quamquam inmoderatis epulis caret senectus, modicis tamen conviviis delectari potest. C. Duellium M. f. qui Poenos classe primus vicerat, redeuntem a cena senem saepe videbam puer; delectabatur cereo funali et ti-
20 bicine, quae sibi nullo exemplo privatus sumpserat; tantum licentiae dabat gloria. sed quid ego alios? ad me ipsum iam revertar. primum habui semper sodales. 45 sodalitates autem me quaestore constitutae sunt sacris Idaeis Magnae Matris acceptis. epulabar igitur cum
25 sodalibus omnino modice, sed erat quidam fervor aetatis; qua progrediente omnia fiunt in dies mitiora. neque enim ipsorum conviviorum delectationem voluptatibus corporis magis quam coetu amicorum et sermo-

---

1 se *om.* V   2 dediuouerat b   3 cum sua V¹   7 quorsus bLA¹ -um PVA²K   8 nulla Ω   multa L¹   9 uoluptatis L¹A¹
10 caret *usque cum* poculis *om.* L¹   11 populis V   14 Plato Timaeus p. 69ᴅ ἡδονήν, μέγιστον κακοῦ δέλεαρ appellatu bL¹A¹
16 caret P -reat VbLAK   18 classe PVL²A² se bL¹A¹ deuicerat PL²A¹   19 cereo *coni. Man. probavitque Mo. (Röm. Staatsr. I³, 1887 p. 423 adn. 4),* credo V¹bLA¹ crebro PV²A²; *cf. Lex Urson. (Corp. II 5439) 66, 22; Cic. off. 3, 80; Val. Max. 3, 6, 4; Liv. perioch. 17*   21 ad Ω a L¹A¹

nibus metiebar. bene enim maiores accubitionem epu-
larem amicorum, quia vitae coniunctionem haberet,
convivium nominaverunt melius quam Graeci, qui hoc
idem tum compotationem tum concenationem vo‿ ‿it,
14 ut quod in eo genere minimum est, id maxime probare 5
46 videantur. ego vero propter sermonis delectationem
tempestivis quoque conviviis delector nec cum aequalibus solum qui pauci admodum restant, sed cum
vestra etiam aetate atque vobiscum habeoque senectuti
magnam gratiam quae mihi sermonis aviditatem auxit, 10
potionis et cibi sustulit. quodsi quem etiam ista delectant (ne omnino bellum indixisse videar voluptati
cuius est fortasse quidam naturalis modus), non intellego ne in istis quidem ipsis voluptatibus carere
sensu senectutem. me vero et magisteria delectant a 15
maioribus instituta et is sermo qui more maiorum a
summo adhibetur in poculo, et pocula sicut in Sym-
posio Xenophontis est, minuta atque rorantia et refri-
geratio aestate et vicissim aut sol aut ignis hibernus;
quae quidem etiam in Sabinis persequi soleo con- 20
viviumque vicinorum cotidie compleo, quod ad multam
47 noctem quam maxime possumus vario sermone produ-
cimus. at non est voluptatum tanta quasi titillatio in
senibus. credo sed ne desideratur quidem; nihil autem
est molestum quod non desideres. bene Sophocles, 25

---

1 bene enim ... nominaverunt *Non. p. 42* bene enim ... haberet *Non. p. 193* accubitionem *Non. et Ω* -bationem V epu-
larem *usque cum* coniunctionem *om.* L¹ 2 quia *Ω Noni cod.*
E^A *et p. 42 et p. 193* qui b A¹ quasi *Noni codd.* ceteri *p. 193*
quae *Noni codd.* ceteri *p. 42* 6 ego vero ... aetate *Non. p. 236*
7 tempestivis quoque conviviis delector propter sermonis delectationem *Char. GL I 221, 17* quoque *usque cum* pauci (pauci iam A²) *om.* A¹ nec cum ... aetate *Non. p. 378* nec P V² A²
ne V¹ b L 8 pauci *Noni codd.* PV pauci iam b L¹ A² modum
A¹ 9 uram L¹ 11 quem *Ω* quidem L¹ 14 in *om.* L 17 summo
edd. summo magistro *Ω* puculo b populo A¹ 20 etiam *om.*
V 21 uicinior b conpletu L¹ conpletor (-o?) A¹ conplector A²
22 quem L¹ A¹ prodicimus V¹ dicimus L¹ A¹ 24 nec b L A
desideratur b L¹ A¹ -atio PV (*in ras.* V) L² A²

cum ex eo quidam iam adfecto aetate quaereret utere-
turne rebus veneriis: 'di meliora!' inquit; 'libenter vero
istinc sicut ab domino agresti ac furioso profugi.' cu-
pidis enim rerum talium odiosum fortasse et molestum
est carere, satiatis vero et expletis iucundius est carere
quam frui. quamquam non caret is qui non desiderat;
ergo hoc non desiderare dico esse iucundius. quodsi 48
istis ipsis voluptatibus bona aetas fruitur libentius, primum parvulis fruitur rebus ut diximus, deinde iis quibus senectus etiamsi non abunde potitur, non omnino
caret. ut Turpione Ambivio magis delectatur qui in
prima cavea spectat, delectatur tamen etiam qui in
ultima, sic adulescentia voluptates propter intuens
magis fortasse laetatur, sed delectatur etiam senectus
procul eas spectans tantum quantum sat est. at illa 49
quanti sunt, animum tamquam emeritis stipendiis libidinis ambitionis contentionis inimicitiarum cupidita-
tum omnium secum esse secumque ut dicitur vivere!
si vero habet aliquod tamquam pabulum studii atque
doctrinae, nihil est otiosa senectute iucundius. mori
videbamus in studio dimetiendi paene caeli atque terrae C. Galum familiarem patris tui Scipio; quotiens il-

---

* 2 ueneriis PVA -ris bL¹ *Plato rep. 1 p. 229*ᶜ libenter uero
V¹bL¹A¹ ego uero PL²A² libenter ego uero V² 3 a PVA²
agresti ac urioso V¹ agrestia curioso b agresti ac curioso
L¹A¹ 5 m. est curare b A m. est curase L¹ explens L¹ ex≋plens
A¹ 7 ergo non desiderare PL² ergo hoc derare b *om.* A quodsi
... fruitur rebus *Non. p. 2* quid si b 8 ≋stis V¹ (ipsis *om.* V¹)
ipsis (*om.* istis) *Non.* 11 ambiuio bL¹A amuibio PVL² delectatur, qui in prima cauea spectat, delectatur tamen etiam, qui
in ultima *Non. p. 417* Rm *Par. 6342, 6361, 6609, 16303*, delectatur
tamen etiam qui in prima cauea spectat delectatur qui in ultima
b delectatur (-lec≋tatur V) qui in prima cauea spectat delectatur etiam qui in ultima PV²L²A² delec≋tatur etiā qui in ultima V¹ delectatur qui in ultima L¹A¹ 15 eas spectans P eam
spectans p eas aspectans bLA eam aspectans V illa PVL²A²
(a *in ras.* V) -i bL¹A¹ 16 animum Ω -am L¹A¹ 18 *cf. Menand.
monost. 585* 19 aliquid b 20 mori uidebamus bL¹A¹JRSr
uideamus PVL²A² 21 in studio *om.* bL¹A¹ dimetiendi
hL¹A¹ dem- PVL²A²

lum lux noctu aliquid describere ingressum, quotiens
nox oppressit, cum mane coepisset! quam delectabat
eum defectiones solis et lunae multo ante nobis prae-
50 dicere! quid in levioribus studiis, sed tamen acutis?
quam gaudebat bello suo Punico Naevius! quam Tru- 5
culento Plautus, quam Pseudolo! vidi etiam senem Li-
vium; qui cum sex annis ante quam ego nat us sum, fabulam docuisset Centone Tuditanoque consulibus, usque ad adulescentiam meam processit aetate. quid de
P. Licini Crassi et pontificii et civilis iuris studio loquar 10
aut de huius P. Scipionis qui his paucis diebus pontifex
maximus factus est? atque eos omnes quos commemo-
ravi his studiis flagrantes senes vidimus; M. vero Ce-
thegum quem recte 'Suadae medullam' dixit Ennius,
quanto studio exerceri in dicendo videbamus etiam 15
senem! quae sunt igitur epularum aut ludorum aut
scortorum voluptates cum his voluptatibus comparandae? atque haec quidem studia doctrinae; quae quidem
prudentibus et bene institutis pariter cum aetate crescunt,
ut honestum illud Solonis sit quod ait versiculo quodam 20
ut ante dixi, senescere se multa in dies addiscentem,
qua voluptate animi nulla certe potest esse maior.

15
51 Venio nunc ad voluptates agricolarum, quibus ego
incredibiliter delector; quae nec ulla impediuntur senectute et mihi ad sapientis vitam proxime videntur 25
accedere. habent enim rationem cum terra, quae numquam recusat imperium nec umquam sine usura red-
dit quod accepit, sed alias minore plerumque maiore

---

3 p̄dicare L¹ 9 ad om. VbL¹A¹ 11 P. edd. om. Ω
12 atqui PVL²A² cōmemorabo b 14 Enn. ann.² 308 suadae edd. -e -P¹bL¹A¹ -ā P²A² -ē L² -a V medullam PL²A²
medullā V medula bL¹A¹ 15 dicendū b uidemus b 18 atq;
L¹A¹ adq; b atqui PVL²A² haec quidem PVL²A² haec idem
bL¹A¹ 20 quodam om. A¹ 21 cf. Cato 8, 26 se om. L¹A¹
22 potest esse maior PVL²A² maior potest esse maior bL¹A¹
23 ego om. V¹ 25 et mihi ... accedere Char. GL I 215, 13
26 enim VbL¹A¹ etiam PL²A² cum rationem terra V¹bL¹A¹
28 maiorem L¹

cum faenore. quamquam me quidem non fructus modo, sed etiam ipsius terrae vis ac natura delectat. quae cum gremio mollito ac subacto sparsum semen excepit, primum id occaecatum cohibet, ex quo occatio
5 quae hoc efficit nominata est, dein tepefactum vapore et compressu suo diffundit et elicit herbescentem ex eo viriditatem, quae nixa fibris stirpium sensim adulescit culmoque erecta geniculato vaginis iam quasi pubescens includitur; ex quibus cum emersit, fundit
10 frugem spici ordine structam et contra avium minorum morsus munitur vallo aristarum. quid ego vitium ortus satus incrementa commemorem? satiari delec- 52 tatione non possum, ut meae senectutis requiem oblectamentumque noscatis. omitto enim vim ipsam om-
15 nium quae generantur e terra; quae ex fici tantulo grano aut ex acini vinaceo aut ex ceterarum frugum aut stirpium minutissimis seminibus tantos truncos ramosque procreet. malleoli plantae sarmenta viviradices propagines, nonne ea efficiunt ut quemvis cum
20 admiratione delectent? vitis quidem quae natura caduca est et nisi fulta est, fertur ad terram, eadem ut

1 fenero L¹A¹ 2 sed etiam...excepit *Non. p. 401* terra eius
b 3 mollito *Non. et* PV²A³ molito V¹bLA² ac Ω et *Non.*
sparsum semen . . . nominata est *Non. p. 42* sementem A¹
excepit *Noni codd. p. 401 et* Ω -coepit L cohibet *Non. p. 42*
4 occ(a)ecatum P¹VL²A³ obcaecatum b occ (hocc- L) etatum
L¹A¹ occatum P² occasio b 7 uiriditate bLA¹ sensim *om.* A¹
-um L 8 culmoque ... structas *Non. p. 225* culmoque erecta
Non. et VH³ culmoque recta PbLA 9 ex Ω e PL²A² *Noni
cod.* emersit Ω *om. Non.* emerserit bH mersit A¹ 10 frugem
Ω -es *Noni codd.* structam L¹ER -as *Non.*, extructam bA¹
structo PVL²A²K 11 quid ego...commemorem *Non. p. 227*
12 ostus satrus b delectionem L¹ delectione L² 13 ut meac
... noscatis *Prisc. GL II 242, 19* meae Ω me L¹A¹ requiem Ω
requietem *diserte Priscianus et* PA²K 15 & terram L¹ quae
ex ... vinaceo *Non p. 193* ex fici *Non. et* BIRS e fici P²L²
effici P¹VAbL¹K 16 acino L¹ uinceo bL 18 ramos V¹
uiuiradices *edd.* uites (is L¹A¹) radices Ω 19 ea *om.*
L¹A¹ proficiunt b 20 delectant L¹A¹ quae *om.* V¹ 21 stulta L¹A¹

se erigat, claviculis suis quasi manibus quicquid est
nacta, complectitur; quam serpentem multiplici lapsu
et erratico ferro amputans coercet ars agricolarum, ne
silvescat sarmentis et in omnes partes nimia fundatur.
53 itaque ineunte vere in iis quae relicta sunt, existit tamquam ad articulos sarmentorum ea quae gemma dicitur, a qua oriens uva se ostendit, quae et suco terrae
et calore solis augescens primo est peracerba gustatu,
dein maturata dulcescit vestitaque pampinis nec mo-
dico tepore caret et nimios solis defendit ardores. qua
quid potest esse cum fructu laetius tum aspectu pul-
chrius? cuius quidem non utilitas me solum ut ante
dixi, sed etiam cultura et natura ipsa delectat, admini-
culorum ordines capitum iugatio, religatio et propagatio vitium sarmentorum ea quam dixi aliorum am-
putatio, aliorum inmissio. quid ego irrigationes, quid
fossiones agri repastinationesque proferam quibus fit
54 multo terra fecundior? quid de utilitate loquar ster-
corandi? dixi in eo libro quem de rebus rusticis
scripsi; de qua doctus Hesiodus ne verbum quidem
fecit, cum de cultura agri scriberet. at Homerus, qui
multis ut mihi videtur ante saeculis fuit, Laertam le-
nientem desiderium quod capiebat e filio, colentem
agrum et eum stercorantem facit. nec vero segetibus
solum et pratis et vineis et arbustis res rusticae laetae
sunt, sed hortis etiam et pomariis tum pecudum pastu
apium examinibus florum omnium varietate. nec con-
sitiones modo delectant, sed etiam insitiones, quibus

1 quicquid (quidquid L) est Ω, quidquidem b 3 nec b L¹ A¹
4 armentis L¹ A¹ 5 ineuntem L¹ 7 se *om.* b 10 tepore P² V¹ A²
tempore P¹ V¹ b L A¹ 12 cuius Ω cum is b ante Ω ura b
14 capitum Ω captiuum b religatio et propagatio *om.* L¹
15 eam b A¹ eum L¹ 18 foecundiorum b 19 *Cato agr. 29.*
36. 37, 2 et passim in eo libro Ω me libro L 21 qui multis
qui multis L¹ qui multos A¹ 22 ut Ω & P¹ mihi uidetur Ω
mi uidetur L¹ mihi detur L² lacertam V lestam b *Hom. Od.*
24, 227 27 apium *edd.* et apium Ω ⟨nec⟩ cons[t]itiones
modo delectant sed etiam ins[t]it[ut]iones *Non. p. 270 (trad.*
post 273, 11)

nihil invenit agri cultura sollertius. possum persequi permulta oblectamenta rerum rusticarum, sed ea ipsa quae dixi sentio fuisse longiora. ignoscetis autem; nam et studio rusticarum rerum provectus sum et senectus est natura loquacior, ne ab omnibus eam vitiis videar vindicare. ergo in hac vita M'. Curius, cum de Samnitibus de Sabinis de Pyrrho triumphavisset, consumpsit extremum tempus aetatis. cuius quidem ego villam contemplans (abest enim non longe a me) admirari satis non possum vel hominis ipsius continentiam vel temporum disciplinam. Curio ad focum sedenti magnum auri pondus Samnites cum attulissent, repudiati sunt; non enim aurum habere praeclarum sibi videri dixit, sed eis qui haberent aurum, imperare. poteratne tantus animus efficere non iucundam senectutem? sed venio ad agricolas, ne a me ipso recedam. in agris erant tum senatores id est senes, siquidem aranti L. Quinctio Cincinnato nuntiatum est eum dictatorem esse factum; cuius dictatoris iussu magister equitum C. Servilius Ahala Sp. Maelium regnum adpetentem occupatum interemit. a villa in senatum arcessebatur et Curius et ceteri senes, ex quo qui eos arcessebant, viatores nominati sunt. num igitur horum senectus miserabilis fuit qui se agri cultione oblectabant? mea quidem sententia haud scio an nulla beatior possit esse, neque solum officio, quod hominum generi universo cultura agrorum est salutaris, sed et delec-

---

2 ea PVbA² *Ha. Se.* haec LA *Mue. Anz* 4 et studio EH² at studio b ad studio L¹ (stadio L) A¹ a studio PVL²A² KpH¹ sum *om.* P¹ et senectus...vindicare *Non. p. 419* 5 est natura P²bLA *et Non.* est P¹V nec b hominibus L¹AK ominibus L² 6 in hanc (anc) PVL²A² uita M'. curius *edd. et codd. rec.* uitam curribus b uitam m. curius PVL²A² uita currius L¹A¹ 10 omnis L¹A¹ 13 non *om.* L¹ 14 poterat ⸱ nec A¹ poterantne L¹ poteramne b 17 quidem b 21 occupantem bL¹A¹ -antum L² arcessebantur bLA 23 arciscebant b num ... oblectabant *Non. p. 488* 24 fuit *om. Non.* 25 scio an nulla *firn.* scio an ulla PVbL²A² scio nulla L¹A¹ 27 delectatio l.

ratione qua dixi et saturitate copiaque rerum omnium,
quae ad victum hominum, ad cultum etiam deorum
pertinent ut, quoniam haec quidam desiderant, in gratiam iam cum voluptate redeamus. semper enim boni
assiduique domini referta cella vinaria, olearia, etiam
penaria est villaque tota locuples est, abundat porco
haedo agno gallina lacte caseo melle. iam hortum
ipsi agricolae succidiam alteram appellant. conditiora
facit haec supervacaneis etiam operis aucupium at-
57 que venatio. quid de pratorum viriditate aut arborum
ordinibus aut vinearum olivetorumve specie plura dicam? brevi praecidam: agro bene culto nihil potest
esse nec usu uberius nec specie ornatius; ad quem
fruendum non modo non retardat, verum etiam invitat
atque adlectat senectus. ubi enim potest illa aetas aut
calescere vel apricatione melius vel igni aut vicissim
58 umbris aquisve refrigerari salubrius? sibi habeant igitur arma, sibi equos, sibi hastas, sibi clavam et pilam,
sibi venationes atque cursus, nobis senibus ex lusioni-
bus multis talos relinquant et tesseras, id ipsum utrum
lubebit, quoniam sine iis beata esse senectus potest.
17 multas ad res perutiles Xenophontis libri sunt; quos
59 legite quaeso studiose, ut facitis. quam copiose ab eo

1 qua dixi Ω (cf. Rhet. Her. 1, 7, 11 Cic. Att. 10, 8, 7 v. R.
Foerster, Festgruß für C. F. W. Müller [1900] p. 178) quam dixi
p v Oehlerianus et Ha. de qua dixi Opitz Mue. Anz 7 iam
ortum ... vocant Non. p. 170 8 ipse b L^1 9 etiam uiriditate cet. om. $L^1 A^1$ 10 prauatorum b 11 oliuetorumqr e
b LA^1 dicamus b $L^1 A^1$ 12 pr(a)edicam P V $L^2 A^2$ K 13 ad quem
... senectus Non. p. 76 at P^1 b A^1 14 modo ret. Non. 15 u ǝi
enim ... vel igni Non. p. 482 aut calescere Non. et V b $L^1.A^1$
aeque calescere P $V^2 L^2 A^2$ K 16 vicissim ... refrigerari Char. GL
I 224, 6 17 aquis uel b sibi habeant igitur Ω habeant igitur
sibi P A^2 habeant igitur A^1 18 hasta $L^1 A^1$ clauem b -ua V^1
pila V 19 uenationes Ven. (a)enationes b $L^1 A$ cf. Plaut.
Bacch. 428; Cic. nat. deor. 2, 161; Tusc. 2, 34; 2, 62; Lael. 74;
off. 1, 104; fin. 1, 20, 69; Verg. buc. 3, 74 Tib. 1, 4, 47 ss. Sen. benef.
1, 11, 6; nationes P^1 natationes $P^2 V L^2 A^2$ cf. epist. 7, 10; exclu-
sionibus b $L^1 A^1$ 20 tales P^1 b utrum b $L^1 A$ unum P V L^2 I
23 quaeso om. L

agri cultura laudatur in eo libro qui est de tuenda re familiari, qui Oeconomicus inscribitur! atque ut intellegatis nihil ei tam regale videri quam studium agri colendi, Socrates in eo libro colloquitur cum Crito-
5 bulo Cyrum minorem Persarum regem praestantem ingenio atque imperii gloria, cum Lysander Lacedaemonius vir summae virtutis venisset ad eum Sardis eique dona a sociis adtulisset, et ceteris in rebus comem erga Lysandrum atque humanum fuisse et ei quendam
10 consaeptum agrum diligenter consitum ostendisse, cum autem admiraretur Lysander et proceritates arborum et derectos in quincuncem ordines et humum subactam atque puram et suavitatem odorum qui adflarentur e floribus, tum eum dixisse mirari se non modo dili-
15 gentiam, sed etiam sollertiam eius a quo essent illa dimensa atque discripta; et Cyrum respondisse: 'atqui ego ista sum omnia dimensus; mei sunt ordines, mea discriptio, multae etiam istarum arborum mea manu sunt satae.' tum Lysandrum intuentem purpuram eius
20 et nitorem corporis ornatumque Persicum multo auro multisque gemmis dixisse: 'rite vero te Cyre beatum ferunt, quoniam virtuti tuae fortuna coniuncta est.' hac
igitur fortuna frui licet senibus nec aetas impedit, quo minus et ceterarum rerum et in primis agri colendi stu-
25 dia teneamus usque ad ultimum tempus senectutis. M. quidem Valerium Corvinum accepimus ad centesimum annum perduxisse, cum esset acta iam aetate in agris eosque coleret; cuius inter primum et sextum consula-

---

1 eo libro Ω elibro bL^{1}A^1 quae b   2 caeconomicus b scribitur L^{1}A^{1}E   etiam ut PVL^2 intellegatur b   3 quam Ω quamquam P^1 4 cf. Xen. Oecon. 4, 20 ss.   colloquitur coni. Mo. p. 19 quo loquitur P^{2}bLA loquitur V   8 comem bA^1 -en L^1 communem (-en L^2) PVL^{2}A^2 10 cum autem...puram Non. p. 400   11 proceritatem (om. et) Non.   12 derectos Non. et b dir- PVLA in quincuncem om. Non.   14 e floribus Ω et fl- PL^2 16 discripta P^{1}L^1 descripta P^{2}VbL^2 18 discriptio PLA de- Vb   27 perdixisse b

tum sex et quadraginta anni interfuerunt. ita quantum
spatium aetatis maiores ad senectutis initium esse voluerunt, tantus illi cursus honorum fuit; atque huius
extrema aetas hoc beatior quam media, quod auctoritatis habebat plus, laboris minus; apex est autem se- 5
nectutis auctoritas. quanta fuit in L. Caecilio Metello,
61 quanta in A. Atilio Calatino! in quem illud elogium:
'hunc unum plurimae consentiunt gentes populi pri-
marium fuisse virum.' notum est id totum carmen in-
cisum in sepulcro. iure igitur gravis, cuius de laudibus 10
omnium esset fama consentiens. quem virum nuper
P. Crassum pontificem maximum, quem postea M. Lepidum eodem sacerdotio praeditum vidimus! quid de
Paulo aut Africano loquar aut ut iam ante de Maximo?
quorum non in sententia solum, sed etiam in nutu resi- 15
debat auctoritas. habet senectus honorata praesertim
18 tantam auctoritatem, ut ea pluris sit quam omnes adu-
62 lescentiae voluptates. sed in omni oratione memen-
tote eam me senectutem laudare quae fundamentis
adulescentiae constituta sit. ex quo efficitur id quod 20
ego magno quondam cum assensu omnium dixi, miseram esse senectutem quae se oratione defenderet. non
cani nec rugae repente auctoritatem arripere possunt,
sed honeste acta superior aetas fructus capit auctori-
63 tatis extremos. haec enim ipsa sunt honorabilia quae 25
videntur levia atque communia, salutari adpeti decedi
adsurgi deduci reduci consuli; quae et apud nos et
in aliis civitatibus, ut quaeque optime morata est, ita diligentissime observantur. Lysandrum Lacedaemonium

---

1 sex om. b   quadraginta PVL²A² xxx L¹A¹ xxxI b   inter-
fuerant V -int L¹   3 IIII bL¹A¹ -e PVL²   8 hunc unum Mdv.
cf. fin. 2, 116 carm. epigr. 6 unicum Ω   9 est id totum coni. Mo.
p. 19 (cf. Kornitzer, Ephem. philol. Berol. 1905 p. 512) est totum
P²VL²A² est itiotum P¹bL¹A¹   12 postea M. lepidum V post
eam (eā b) lapidum (lep- L) bL   postea lepidum (lap- A¹) PA²
13 sacerdotium b   14 loquar aut ut I loquar aut PVbAL²
laquara ut L¹   15 non om. V¹   solum om. V¹   17 ut om. A¹
21 cf. dict. 71 Jordan   28 est Ω sunt PL²A²

cuius modo feci mentionem, dicere aiunt solitum Lacedaemonem esse honestissimum domicilium senectutis: nusquam enim tantum tribuitur aetati, nusquam est senectus honoratior. quin etiam memoriae proditum est, cum Athenis ludis quidam in theatrum grandis natu venisset, magno consessu locum nusquam ei datum a suis civibus; cum autem ad Lacedaemonios accessisset, qui legati cum essent, certo in loco consederant, consurrexisse omnes illi dicuntur et senem sessum recepisse. quibus cum a cuncto consessu plausus esset multiplex datus, dixisse ex iis quendam Athenienses scire quae recta essent, sed facere nolle. multa in vestro collegio praeclara, sed hoc de quo agimus in primis, quod ut quisque aetate antecedit, ita sententiae principatum tenet, neque solum honore antecedentibus, sed iis etiam qui cum imperio sunt, maiores natu augures anteponuntur. quae sunt igitur voluptates corporis cum auctoritatis praemiis comparandae? quibus qui splendide usi sunt, ii mihi videntur fabulam aetatis peregisse nec tamquam inexercitati histriones in extremo actu corruisse.

At sunt morosi et anxii et iracundi et difficiles senes. si quaerimus, etiam avari; sed haec morum vitia sunt, non senectutis. ac morositas tamen et ea vitia quae dixi, habent aliquid excusationis non illius quidem iustae, sed quae probari posse videatur; contemni se putant, despici inludi; praeterea in fragili corpore odiosa omnis offensio est. quae tamen omnia dulciora fiunt et moribus bonis et artibus idque cum in vita tum in scaena intellegi potest ex iis fratribus qui in Adel-

---

6 consessu V b P²L²A² -sensu P¹L¹A¹p 10 consessu V P.² L²A²p consensu P¹b A¹ om. L¹ 12 recta (-e L²)PVL²A² facta b L¹A¹ in om. L¹ 15 sed om. L² 16 sunt om. L¹ 17 corporum V 22 aut L 23 morum uitia H¹pE moruitia L¹A¹ morosi vitia b morbi uitia PVL²A²KH² 24 tamen et ea Ω tamen cum id ei uideatis (34ᶜ, 26) et ea PL²A² 30 intellegi... comitas Non. p. 30 adelphi b L¹A

phis sunt. quanta in altero diritas, in altero comitas!
sic se res habet: ut enim non omne vinum, sic non
omnis natura vetustate coacescit. severitatem in senectute probo, sed eam sicut alia modicam, acerbita-
tem nullo modo. avaritia vero senilis quid sibi velit,
non intellego; potest enim quicquam esse absurdius
quam quo viae minus restet, eo plus viatici quaerere?
Quarta restat causa quae maxime angere atque solli-
citam habere nostram aetatem videtur, adpropinquatio
mortis, quae certe a senectute non potest esse longe.
o miserum senem qui mortem contemnendam esse in
tam longa aetate non viderit! quae aut plane neglegenda est, si omnino extinguit animum, aut etiam op-
tanda, si aliquo eum deducit ubi sit futurus aeternus;
atqui tertium certe nihil inveniri potest; quid igitur
timeam, si aut non miser post mortem aut beatus etiam
futurus sum? quamquam quis est tam stultus quamvis
sit adulescens, cui sit exploratum se ad vesperum esse
victurum? quin etiam aetas illa multo plures quam
nostra casus mortis habet; facilius in morbos incidunt
adulescentes, gravius aegrotant, tristius curantur. itaque pauci veniunt ad senectutem; quod ni ita accideret,
melius et prudentius viveretur. mens enim et ratio et
consilium in senibus est; qui si nulli fuissent, nullae
omnino civitates fuissent. sed redeo ad mortem inpendentem. quod est istius crimen senectutis, cum id ei

---

1 quantam b in altero diritas *Non. p. 100* diritas *Non. et Ω*
duritias P¹ duritas L²IRH¹ 2 uicium A¹pB¹ uinum uicium K
3 natura Ω aetas naturae PL²A²EK aetas matura *Be. Bai. Se.*
4 probo potest enim *cet. om.* b alia IRS aliam Ω 7 *cf.
Ps. Sen. mor. 18* quo uia L¹A¹ couia b restat LA 8 causa
ōm. L¹A¹ 10 longe abesse V 14 futurum b 17 futurus sum Ω
futurum b quis est... victurum *Non. p. 294* quis est tam *Non.
et* EHRv quis etiam Ω 18 sit *om. Non.* 20 nostram LA¹ casus
mortis PVA²K mortis (-em A¹) casus bLA¹ER facilius... curantur *Non. p. 315 et 490* 22 nita V¹ non ita b 23 enim et
ratio VbLp enim ratio PAE 24 & senibus b est *om.* L¹
qui si PAL² & quisi V quasi b quis L¹ nullae Ω, -a V¹
26 istius Ω illud ERI² istud *coni. We. (obs. crit. ad Sestianam
p. 9)* ei *om.* V

videatis cum adulescentia esse commune? sensi ego 68
in optimo filio, tu in expectatis ad amplissimam dignitatem fratribus Scipio, mortem omni aetati esse communem. at sperat adulescens diu esse se victurum, quod
5 sperare idem senex non potest. insipienter sperat. quid
enim stultius quam incerta pro certis habere, falsa pro
veris? at senex ne quod speret quidem habet. at est
eo meliore condicione quam adulescens, cum id quod
ille sperat, hic consecutus est; ille vult diu vivere, hic
10 diu vixit. quamquam o di boni! quid est in hominis 69
natura diu? da enim supremum tempus, expectemus
Tartessiorum regis aetatem (fuit enim ut scriptum video Arganthonius quidam Gadibus qui octoginta regnavit annos, centum viginti vixit) — sed mihi ne diu-
15 turnum quidem quicquam videtur in quo est aliquid
extremum. cum enim id advenit, tum illud quod prae-
teriit, effluxit; tantum remanet quod virtute et recte
factis consecutus sis; horae quidem cedunt et dies et
menses et anni nec praeteritum tempus umquam re-
20 vertitur nec quid sequatur, sciri potest; quod cuique
temporis ad vivendum datur, eo debet esse contentus.
neque enim histrioni, ut placeat, peragenda fabula est, 70
modo in quocumque fuerit actu, probetur, neque sapientibus usque ad 'Plaudite' veniendum est. breve enim
25 tempus aetatis satis longum est ad bene honesteque

---

2 tu in *Mdv.* tum Ω tum in P²A²BEIRS ad H²pBEIRS
om. Ω 3 omnia L¹A 4 diu esse se A²K diu esse bL¹A¹
diu se PVL² 5 idem Ω id est b 8 eo *om.* b¹ 10 diu
om. A¹ est *om.* L 11 diu Ω *om.* L¹ diuturnum Se. supremum Ω
summum L¹ *Mue.* somnu A¹ expatemus b 12 *Herodot. 1, 163*
13 gadibus *om.* V regnauit (ἐτυράννευιε) V¹bL¹A¹ -verit V²
-verat PL²A² 14 uixit (ἐβίωσε) *Duisburgensis* uixerit VbL¹A¹
uixerat PL²A² ne *om.* b 15 quicquid bL¹A¹ 17 tantum enim
PL²A²EK *cf. Ov. ars 3, 64* 20 ne V¹A¹ cuique P²L²A²H²K
cumque P¹H¹ cuiquam VbL¹A¹p 23 probetur VLA¹ (etur
in ras. A¹) probo is (is *in ras.*) P probo ir b ⱡpbo ... is A²
nec V sapienti V²BIRSm 24 est *om.* bL ad breue V¹
25 est *om.* P¹V¹

vivendum; sin processerit longius, non magis dolendum est quam agricolae dolent praeterita verni temporis suavitate aestatem autumnumque venisse. ver enim tamquam adulescentiam significat ostenditque fructus futuros, reliqua autem tempora demetendis 71 fructibus et percipiendis accommodata sunt. fructus autem senectutis est ut saepe dixi ante partorum bonorum memoria et copia. omnia autem quae secundum naturam fiunt, sunt habenda in bonis. quid est autem tam secundum naturam quam senibus emori? quod idem contingit adulescentibus adversante et repugnante natura. itaque adulescentes mihi mori sic videntur ut cum aquae multitudine flammae vis opprimitur, senes autem sic ut cum sua sponte nulla adhibita vi consumptus ignis extinguitur; et quasi poma ex arboribus, cruda si sunt, vix evelluntur, si matura et cocta, decidunt, sic vitam adulescentibus vis aufert, senibus maturitas; quae quidem mihi tam iucunda est, ut quo propius ad mortem accedam, quasi terram videre videar aliquandoque in portum ex longa navigatione 72 esse venturus. senectutis autem nullus est certus terminus recteque in ea vivitur, quoad munus officii exsequi et tueri possis et tamen mortem contemnere; ex quo fit ut animosior etiam senectus sit quam adulescentia et fortior. hoc illud est quod Pisistrato tyranno a Solone responsum est, cum illi quaerenti qua tandem re fretus sibi tam audaciter obsisteret, re-

---

2 quam Ω quia b   5 ceterum et tempora...accommodata sunt *Non. p. 244*   reliqua (rtq L¹) autem Ω ceterum et *Non.* metendis *Non.*   7 ante partorum VbL¹A¹H² peractorum PL²KH¹ ante peractorum A²   8 copiosa b   quae Ω his qui b   9 bonis Ω nobis b   13 flammae uis Ω flammeus L¹A¹   14 uim L¹A¹   15 igni b   16 si sunt Vb sunt L¹ *om.* A¹ si sint PL²A²E ui V   euellentur V   20 aliquando V¹   22 quod ad bL   23 possis et tamen mortem contemnere VBIRS *Ls.* posset tamen mortem contempnere bL¹A¹p possit mortemque contempnere PL²A²H¹ possis et tamen mortem non timere E   24 ex quo fit ut *om.* L¹   25 *Plut. Solon 31*

spondisse dicitur: 'senectute.' sed vivendi est finis optumus, cum integra mente certisque sensibus opus ipsa suum eadem quae coagmentavit, natura dissolvit. ut navem, ut aedificium idem destruit facillime qui construxit, sic hominem eadem optume quae conglutinavit natura dissolvit. iam omnis conglutinatio recens aegre, inveterata facile divellitur. ita fit ut illud breve vitae reliquum nec avide adpetendum senibus nec sine causa deserundum sit; vetatque Pythagoras iniussu imperatoris, id est dei, de praesidio et statione vitae decedere. Solonis quidem sapientis elogium est, quo se negat velle suam mortem dolore amicorum et lamentis vacare. volt credo se esse carum suis; sed haud scio an melius Ennius:

  'Nemo me dacrumis decoret neque funera fletu faxit.'

non censet lugendam esse mortem quam inmortalitas consequatur. iam sensus moriendi aliquis esse potest, isque ad exiguum tempus, praesertim seni, post mortem quidem sensus aut optandus aut nullus est. sed hoc meditatum ab adulescentia debet esse mortem ut neglegamus, sine qua meditatione tranquillo esse animo nemo potest. moriendum enim certe est et incertum an hoc ipso die. mortem igitur omnibus horis inpendentem timens qui poterit animo consistere? de qua non ita longa disputatione opus esse videtur, cum

---

1 dicitur om. VbL¹A vivundi...dissolvit Non. p.43   4 distrait L distrahit bA¹   7 breue uitae Ω breuitate V   9 Plato Phaedo 62ᴮ deserundum VP²A² -endum L² adserundum V¹bL¹A² iniussu V inusu bLA¹ ni iussu PA²KH   10 dei Ω fidei P¹   11 cf. Cic. Tusc. 1, 117; Plut. Solonis et Poplicolae comp. 1 elogium est quo VAP² elogium (eglogium L¹) quo P¹bL   12 dolori bL¹A¹   13 credere P carus b haud scio an melius ennius VH² haud an melius ennius (aenius L)bL¹A¹ haud hemilius (em- L²A²K) ennius (aenius L²)PL²A²   15 Enn. var. 17 dacrumis Bergk lacrimis Ω fletu om. A¹   18 consequatur om. V¹
19 usque PL²AK   23 animo esse P potest nemo P¹
24 an hoc ipso PLA² an eo ipso V in hac ipsa A¹ an et ipso L¹ an ipso b   25 qui P¹bL¹A¹H¹ quis P²VL²A²KpH² poterat L

recorder non L. Brutum qui in liberanda patria est
75 interfectus, non duos Decios qui ad voluntariam mortem cursum equorum incitaverunt, non M. Atilium qui
ad supplicium est profectus, ut fidem hosti datam conservaret, non duos Scipiones qui iter Poenis vel corporibus suis obstruere voluerunt, non avum tuum L.
Paulum qui morte luit collegae in Cannensi ignominia
temeritatem, non M. Marcellum cuius interitum ne crudelissimus quidem hostis honore sepulturae carere passus est, sed legiones nostras, quod scripsi in Originibus, in eum locum saepe profectas alacri animo et
erecto unde se redituras numquam arbitrarentur. quod
igitur adulescentes et ii quidem non solum indocti, sed
etiam rustici contemnunt, id docti senes extimescent?
76 omnino ut mihi quidem videtur, studiorum omnium satietas vitae facit satietatem. sunt pueritiae studia certa;
num igitur ea desiderant adulescentes? sunt ineuntis
adulescentiae; num ea constans iam requirit aetas quae
media dicitur? sunt etiam eius aetatis; ne ea quidem
quaeruntur in senectute; sunt extrema quaedam studia
senectutis; ergo ut superiorum aetatum studia occidunt sic occidunt etiam senectutis; quod cum evenit,
21 satietas vitae tempus maturum mortis adfert. non enim
77 video cur quid ipse sentiam de morte, non audeam
vobis dicere, quod eo cernere mihi melius videor quo
ab ea propius absum. ego vestros patres tu Scipio tuque C. Laeli, viros clarissimos mihique amicissimos vivere arbitror et eam quidem vitam quae est sola vita
nominanda. nam dum sumus inclusi in his compagibus

---

1 cf. Tusc. 1, 89   recorder P V L²A² -arer b L¹A¹   non l. Ω
m. (om. non) L¹ om. A   4 hosti datā fidem V   6 coluerunt P¹
noluerunt L¹p   8 nec VbLA   10 Cato orig. 4 frg. 8 Iordan
11 saepe profectas H²QRm cf. Tusc. 1, 101 (cod. P) se profectas (-phectas L¹)bL¹A¹ esse profectas PVL²A²H¹p   12 erecto V recto PbLA   15 ut om. P¹bL¹A¹E   16 facit. Num igitur
cetera om. V¹   certa studia V²ER studia incerta b   17 sunt et
ineuntis V   22 si L¹A¹   23 equidem non P¹VA   25 quo
ab PVA² quod ab bLA¹E   29 conclusi b

corporis, munere quodam necessitatis et gravi opere
perfungimur; est enim animus caelestis ex altissimo
domicilio depressus et quasi demersus in terram, locum
divinae naturae aeternitatique contrarium. sed credo
deos inmortales sparsisse animos in corpora humana,
ut essent qui terras tuerentur quique caelestium ordi-
nem contemplantes imitarentur eum vitae modo atque
constantia. nec me solum ratio ac disputatio impulit ut
ita crederem, sed nobilitas etiam summorum philosophorum et auctoritas. audiebam Pythagoram Pythago- 78
reosque incolas paene nostros, qui essent Italici philosophi quondam nominati, numquam dubitasse quin ex
universa mente divina delibatos animos haberemus. de-
monstrabantur mihi praeterea quae Socrates supremo
vitae die de inmortalitate animorum disseruisset, is
qui esset omnium sapientissimus oraculo Apollinis
iudicatus. quid multa? sic persuasi mihi, sic sentio,
cum tanta celeritas animorum sit, tanta memoria prae-
teritorum futurorumque prudentia, tot artes, tantae
scientiae, tot inventa, non posse eam naturam quae res
eas contineat, esse mortalem, cumque semper agitetur
animus nec principium motus habeat, quia se ipse mo-
veat, ne finem quidem habiturum esse motus, quia
numquam se ipse sit relicturus, et cum simplex animi
esset natura neque haberet in se quicquam admixtum
dispar sui atque dissimile, non posse eum dividi; quod
si non posset, non posse interire; magnoque esse argu-
mento homines scire pleraque ante quam nati sint,
quod iam pueri, cum artes difficiles discant, ita celeriter res innumerabiles arripiant ut eas non tum primum accipere videantur, sed reminisci et recordari.
haec Platonis fere. apud Xenophontem autem moriens $\frac{22}{79}$

---

3 in locum V   12 quin ex *sunt ultima verba codicis* P
cf. *Plato apolog. p. 40^b ss.*   15 deseruisset V^1 17 quid
multa... prudentia *Non. p. 41*   mihi pers. *Non.*   23 habitatu-
rum V   24 sit p^1(?) *et edd.*   esset VbLAp^2 27 possit V
30 nondum bL^{1}A^1 32 platonis fere bLAK   plato uester V

Cyrus maior haec dicit: 'nolite arbitrari o mihi carissimi filii, me cum a vobis discessero, nusquam aut nullum fore. nec enim dum eram vobiscum, animum meum videbatis, sed eum esse in hoc corpore ex iis rebus quas gerebam, intellegebatis. eundem igitur esse creditote, etiamsi nullum videbitis. Nec vero clarorum virorum post mortem honores permanerent, si nihil eorum ipsorum animi efficerent, quo diutius memoriam sui teneremus. mihi quidem numquam persuaderi potuit animos, dum in corporibus essent mortalibus, vivere, cum excessissent ex iis, emori, nec vero tunc animum esse insipientem, cum ex insipienti corpore evasisset, sed cum omni admixtione corporis liberatus purus et integer esse coepisset, tum esse sapientem. atque etiam cum hominis natura morte dissolvitur, ceterarum rerum perspicuum est quo quaeque discedat; abeunt enim illuc omnia unde orta sunt, animus autem solus nec cum adest nec cum discessit, apparet. iam vero videtis nihil esse morti tam simile quam somnum. atqui dormientium animi maxime declarant divinitatem suam; multa enim, cum remissi et liberi sunt, futura prospiciunt. ex quo intellegitur quales futuri sint, cum se plane corporis vinculis relaxaverint. quare, si haec ita sunt, sic me colitote' inquit 'ut deum; sin una est interiturus animus cum corpore, vos tamen deos verentes qui hanc omnem pulchritudinem tuentur et regunt, memoriam nostri pie inviolateque servabitis.' Cyrus quidem haec moriens; nos si placet nostra videamus. nemo umquam mihi Scipio persuadebit aut patrem tuum Paulum aut duos avos Paulum et

---

1 *Xenoph. Cyrop. 8, 7, 17 ss.*   2 nusquam VL² numquam b L¹A K   6 uide, atis V¹L¹p   8 quo diutius ERa² quod iustius bLA¹ quo iustius VA²KHpBISa¹   9 teneremus VbL¹K³H² tuerentur L²A²F ¹H¹   13 omnia bL¹   15 cum Ω at b   16 perspicuum e·t *primum verbum frg. Bernensis* (N)   19 somnum Ω scō⅔ b   20 atque bLA¹   21 cum *om.* b   26 tuentur VL²A² tuerentur bL¹A¹   27 memoriam *om.* L¹   29 persuadebat A¹

Africanum aut Africani patrem aut patruum aut multos
praestantes viros quos enumerare non est necesse,
tanta esse conatos quae ad posteritatis memoriam pertinerent, nisi animo cernerent posteritatem ad se posse
5 pertinere. an censes, ut de me ipse aliquid more senum
glorier, me tantos labores diurnos nocturnosque domi
militiaeque suscepturum fuisse, si isdem finibus gloriam meam quibus vitam essem terminaturus? nonne
melius multo fuisset otiosam aetatem et quietam sine
10 ullo aut labore aut contentione traducere? sed nescio
quo modo animus erigens se posteritatem ita semper
prospiciebat, quasi cum excessisset e vita, tum denique victurus esset. quod quidem ni ita se haberet,
ut animi inmortales essent, haud optimi cuiusque ani-
15 mus maxime ad inmortalitatem et gloriam niteretur.
quid? quod sapientissimus quisque aequissimo animo 83
moritur, stultissimus iniquissimo, nonne vobis videtur
is animus qui plus cernat et longius, videre se ad meliora proficisci, ille autem cui obtusior sit acies, non
20 videre? equidem efferor studio patres vestros quos
colui et dilexi, videndi neque vero eos solos convenire
aveo quos ipse cognovi, sed illos etiam de quibus audivi et legi et ipse conscripsi. quo quidem me pro-
ficiscentem haud sane quis facile retraxerit nec tam-
25 quam Peliam recoxerit. et si qui deus mihi largiatur
ut ex hac aetate repuerascam et in cunis vagiam, valde

---

3 tata b quae *om.* V¹ pertinerent anne censes *cet. om.* A¹
4 ad se posse Ω ad se ipsos *Opitz Mue. Lg.* 5 an V anne
b L A cesses b 6 diuturnos A¹ *cf. Tusc. 1,15* 8 quibus
om. L¹ 9 et *om.* b A¹ quiaetam b quiaetatem L¹ quietem L²
om. A¹ 13 nisi ita L A¹ 16 quod *om.* b 19 cui Vb cuius L A
20 nros A¹ 21 neque vero ... conscripsi *Non. p. 270 et 276*
neque uero eos solos BISN neque uero eos solum *Non. p. 270*
et Rr¹ neque enim eos solos VbLAHp solum ... quos *om.*
Non. p. 276 23 quo A² quod Ω proficiente b 24 nec tamquam
peliam (pilam V²L²A²) recoxerit V¹L²A² *om.* bL¹A¹ *cf. Plaut.*
Pseud. 868 25 et si quis deus ... vagiam *Non p. 165* si qui
VbLAp si quis *Non. et* N 26 repuerascam *Non. et* H¹(?)
-escam VbLp rapuerescam A¹ repueriscam A² cunabulis *Non.*
uaginam A¹

recusem nec vero velim quasi decurso spatio ad carceres a calce revocari. quid habet enim vita commodi? quid non potius laboris? sed habeat sane, habet certe tamen aut satietatem aut modum. non lubet enim mihi deplorare vitam, quod multi et ii docti saepe fecerunt, neque me vixisse paenitet, quoniam ita vixi, ut non frustra me natum existumem, et ex vita ita discedo tamquam ex hospitio, non tamquam domo. commorandi enim natura devorsorium nobis, non habitandi dedit. o praeclarum diem, cum in illud divinum animorum concilium coetumque proficiscar cumque ex hac turba et conluvione discedam! proficiscar enim non ad eos solum viros de quibus ante dixi, verum etiam ad Catonem meum, quo nemo vir melior natus est, nemo pietate praestantior; cuius a me corpus est crematum, quod contra decuit ab illo meum, animus vero non me deserens, sed respectans in ea profecto loca discessit quo mihi ipse cernebat esse veniendum. quem ego meum casum fortiter ferre visus sum, non quo aequo animo ferrem, sed me ipse consolabar existumans non longinquum inter nos digressum et discessum fore. his mihi rebus Scipio (id enim te cum Laelio admirari solere dixisti) levis est senectus nec solum non molesta, sed etiam iucunda. quodsi in hoc erro, qui animos hominum inmortales esse credam, libenter erro nec mihi hunc errorem quo delector, dum vivo, extorqueri volo; sin mortuus, ut quidam minuti philosophi

---

2 cf. Lael. 27, 103; Sen. epist. 108, 32   3 habeat edd. habet Ω   hab& certam V   4 aut (ut L) satietatem (sac- V L A²) Ω om. A¹   5 ii om. Ω   6 Nã neq; b   7 existimemus L A¹   8 domo b L A p E H¹ ex d. V Br e d. H²I R S N   9 deuorsorium L -uersorium V diuersorium b A p   10 cum in illum ... discedam Non. p. 524   in illud Duisb. et Hild. in illum Noni codd. et R Gudian. ad illud V b A²p illud L A¹ animorum Non. et L A -arum b amorum V   11 cumque ... discedam Non. p. 82   12 discedamus L¹A¹   13 dixit A¹   14 quo (quod L¹) uiro L²H E   18 ipsi L A¹   19 quo om. b N   24 quod in b   erro om. b   quia b L²A²   25 credebam V   26 quo V b quod L A¹p

§ 83—85 CATO MAIOR DE SENECTUTE 43ᶜ

censent, nihil sentiam, non vereor ne hunc errorem
meum philosophi mortui irrideant. quodsi non sumus
inmortales futuri, tamen extingui homini suo tempore
optabile est. nam habet natura ut aliarum omnium
5 rerum sic vivendi modum. senectus autem aetatis est
peractio tamquam fabulae, cuius defatigationem fu-
gere debemus praesertim adiuncta satietate.
Haec habui de senectute quae dicerem; ad quam utinam perveniatis, ut ea quae ex me audistis, re experti
10 probare possitis !

1 cessent b   2 sum inmortalis futurus L²H   6 defatigationem bA¹sNBE²r Ls. -faticationem C -fectigationem Lv -feti-
gationem VA²p²IRS -fectionem A³ *(in marg.)* Hp¹E¹Q
8 quae Ω quid LA¹   ad (at L²) quam VA² atque bL¹A¹

M. TULLI CICERONIS

LAELIUS DE AMICITIA LIBER

SIGLA

- Ω = Archetypus
- P = Parisinus Didotianus s. IX/X
- M = Monacensis cod. Lat. 15514 s. IX/X
- K = Exc. Hadoardi cod. Vat. Reg. Suec. 1762 s. IX/X
- E = Erfurtensis-Berol. Lat. fol. 252 s. X/XI
- D = Vindobonensis 3115 U 658 s. XV
- G = Gudianus 335 s. X (XI?)
- B = Benedictoburanus-Monac. cod. Lat. 4611 s. XII
- S = Monacensis cod. Lat. 15964 s. XI
- V = Vindobonensis 275 φ 326 s. XI
- L = Cod. Laurentianus L 45 s. X
- p = Parisinus 544 s. XI
- e = Monacensis cod. Lat. 19473 s. XII
- a = Admontensis 383 s. XII
- F = fragm. Stell. Matut. s. XI/XII
- f = fragm. Monac. cod. Lat. 628 s. XIII
- m = fragm. Monac. cod. Lat. 29001 s. X (XI?)
- n = fragm. Monac. cod. Lat. 29001 s. XII
- I = Lael. Exc. Monac. Indersdorf. cod. Lat. 7624 s. XIII *(fol. 8)*
- b = Bernensis 514 s. XV

Archetypus bis transscriptus est. Ex altero exemplari x fluxerunt PM, quorum lectiones saepissime praebent DE; K semper fere cum codice M congruit. Ex altero vero libro y manaverunt G et g; hic periit, sed lectiones codicum BSV ad eum redeunt. x = PM(KED); y = Gg; g = BSV.

Ceteri codices et fragmenta ex mixto codicum genere videntur fluxisse praeter codicem L, quem postea accuratius perquiram.

NOTAE

Bai. = Baiter
Bei. = Beier
Er. = Erasmi Rotterod. ed. Basil. 1518
Gul. = Gulielmius
Ha. = Halm
Kl. = R. Klotz
La. = Lahmeyer
Lb. = Lambinus
Ls. = Collatio codicis Lasbergiani (cod. Lat. Monac. 28114)
Man. = Manutius
Mdv. = Madvig
Mei. = Meissner
Mo. = Mommsen
Mue. = C. F. W. Mueller

Nck. = Nauck
Or. = Orelli
P.-W. = Pauly-Wissowa
Se. = Schiche
Scr. = Screvellii ed. Genev. 1687
Sey. = Seyffert-Mueller, Comm. Lael., Lipsiae 1876
Sp. = F. Scheuerpflug, quaest. Lael. Weidae Thur. 1914
Stz. = ed. Strelitz, Gothae 1899
Turn. = Turnebus
Ven. = ed. Veneta 1470
Vict. = Victorius
Wr. = ed. Meissner-Wessner, Lipsiae 1914

TESTIMONIA

A. Quando Cicero Laelium scripserit

Off. 2,31 Sed de amicitia alio libro dictum est, qui inscribitur Laelius *(libri de off. editi sunt exeunte anno 44)*
Lael. 1,4 ut in Catone Maiore ... Catonem induxi senem disputantem ... sic ... idonea mihi Laeli persona visa est, quae de amicitia ea ipsa dissereret, quae disputata ab eo meminisset Scaevola *(Laelius est igitur post Catonem Maiorem scriptus).*

B. quo fonte Cicero sit usus

Gell. 1,3,10 eum librum *(Theophrasti de amicitia)* M. Cicero videtur legisse, cum ipse quoque librum de amicitia componeret.

DE PERSONIS DIALOGI

Propter summam amicitiam, quam inter P. Scipionem Africanum et C. Laelium Sapientem fuisse constat, Ciceroni, cum vellet aliquid de amicitia conscribere, Laeli persona idonea visa est, quam faceret de amicitia disputantem cum utroque genero, C. Fannio *(cos. a. 122)* et Q. Mucio

LAELIUS DE AMICITIA C. 1—2

Scaevola, quorum uterque erat eloquentia clarus *(de or. 3,12,44; Brut. 58, 211)*. Hoc sermone, quem Cicero fingit habitum esse paucis diebus post Africani mortem anno 129 a. Chr. n., Laelius docet quid sentiat de amicitia. Quae persona loquatur, significatur nomine verbis quae facit, anteposito.

1
1   Q. Mucius augur multa narrare de C. Laelio socero suo memoriter et iucunde solebat nec dubitare illum in omni sermone appellare sapientem; ego autem a patre ita eram deductus ad Scaevolam sumpta virili toga, ut quoad possem et liceret, a senis latere num- 5 quam discederem; itaque multa ab eo prudenter disputata, multa etiam breviter et commode dicta memoriae mandabam fierique studebam eius prudentia doctior. quo mortuo me ad pontificem Scaevolam contuli, quem unum nostrae civitatis et ingenio et iustitia 10 praestantissimum audeo dicere. sed de hoc alias; nunc redeo ad augurem.

2   Cum saepe multa tum memini domi in hemicyclio sedentem ut solebat, cum et ego essem una et pauci admodum familiares, in eum sermonem illum incidere 15 qui tum fere multis erat in ore. meministi enim profecto Attice et eo magis, quod P. Sulpicio utebare multum, cum is tribunus pl. capitali odio a Q. Pompeio qui tum erat consul, dissideret, quocum coniunctissime et amantissime vixerat, quanta esset hominum vel ad- 20
3 miratio vel querella. itaque tum Scaevola cum in eam ipsam mentionem incidisset, exposuit nobis sermonem Laeli de amicitia habitum ab illo secum et cum altero genero C. Fannio Marci filio paucis diebus post mortem Africani. eius disputationis sententias memoriae 25

---

1 Quintus ... solebat *Char. GL I 114, 25; 205, 25; 234, 24*
6 multa disp. prud. g 14 cum ego GD 16 tum fere multis Ω
tum permultis *Se.* tum forte multis *Mue.* 17 multum ut. L p
24 genero *om.* L p

mandavi, quas hoc libro exposui arbitratu meo; quasi enim ipsos induxi loquentes, ne 'inquam' et 'inquit' saepius interponeretur atque ut tamquam a praesentibus coram haberi sermo videretur. Cum enim saepe mecum ageres ut de amicitia scriberem aliquid, digna mihi res cum omnium cognitione tum nostra familiaritate visa est. itaque feci non invitus, ut prodessem multis rogatu tuo. sed ut in Catone Maiore qui est scriptus ad te de senectute, Catonem induxi senem disputantem, quia nulla videbatur aptior persona quae de illa aetate loqueretur quam eius, qui et diutissime senex fuisset et in ipsa senectute praeter ceteros floruisset, sic cum accepissemus a patribus maxime memorabilem C. Laeli et P. Scipionis familiaritatem fuisse, idonea mihi Laeli persona visa est quae de amicitia ea ipsa dissereret, quae disputata ab eo meminisset Scaevola. genus autem hoc sermonum positum in hominum veterum auctoritate et eorum inlustrium plus nescio quo pacto videtur habere gravitatis; itaque ipse mea legens sic adficior interdum ut Catonem, non me loqui existimem. sed ut tum ad senem senex de senectute sic hoc libro ad amicum amicissimus scripsi de amicitia. tum est Cato locutus quo erat nemo fere senior temporibus illis, nemo prudentior; nunc Laelius et sapiens (sic enim est habitus) et amicitiae gloria excellens de amicitia loquetur. tu velim a me animum parumper avertas, Laelium loqui ipsum putes. C. Fannius et Q. Mucius ad socerum veniunt post mortem Africani; ab his sermo oritur, respondet Laelius cuius tota disputatio est de amicitia, quam legens te ipse cognosces.

FANNIUS. Sunt ista Laeli; nec enim melior vir fuit Africano quisquam nec clarior. sed existimare debes

---

6 cognatione PG¹L(Ω)   9 Maiore P Maiore feci *rell.*
21 ad s. senex P ad s. senex attice E ad te o att(-t-L)ice s. senex GL ad senem ego senex g   31 ipse x (*et* L) ipsum y (*v̄ in ras.* B)

omnium oculos in te esse coniectos unum; te sapientem et appellant et existimant. tribuebatur hoc modo M. Catoni, scimus L. Acilium apud patres nostros appellatum esse sapientem, sed uterque alio quodam modo, Acilius, quia prudens esse in iure civili putabatur, Cato, quia multarum rerum usum habebat; multa eius et in senatu et in foro vel provisa prudenter vel acta constanter vel responsa acute ferebantur; propterea quasi cognomen iam habebat in senectute sapientis. (7) te autem alio quodam modo non solum natura et moribus, verum etiam studio et doctrina esse sapientem nec sicut vulgus, sed ut eruditi solent appellare sapientem, qualem in reliqua Graecia neminem (nam qui 7 septem appellantur, eos qui ista subtilius quaerunt, in numero sapientium non habent), Athenis unum accepimus et eum quidem etiam Apollinis oraculo sapientissimum iudicatum; hanc esse in te sapientiam existumant ut omnia tua in te posita esse ducas humanosque casus virtute inferiores putes. itaque ex me quaerunt, credo ex hoc item Scaevola, quonam pacto mortem Africani feras, eoque magis, quod proximis Nonis cum in hortos D. Bruti auguris commentandi causa ut adsolet venissemus, tu non adfuisti, qui diligentissime semper illum diem et illud munus solitus esses obire.

8   SCAEVOLA. Quaerunt quidem C. Laeli multi, ut est a Fannio dictum, sed ego id respondeo quod animum adverti, te dolorem quem acceperis cum summi viri tum amicissumi morte, ferre moderate nec potuisse non commoveri nec fuisse id humanitatis tuae; quod autem Nonis in conlegio nostro non adfuisses, valitudinem respondeo causam, non maestitiam fuisse.

LAELIUS. Recte tu quidem Scaevola et vere; nec enim ab isto officio quod semper usurpavi, cum valerem, abduci incommodo meo debui nec ullo casu arbitror

---

13 Gr. reliqua y reliqua *om.* E   16 quidem *om.* G etiam *om.*
g   25 multum Ω (PG) *recte?* -i *rec.*   31 causam D -ae Ω *om.* E

hoc constanti homini posse contingere ut ulla intermissio fiat officii. tu autem Fanni, quod mihi tantum tribui dicis quantum ego nec adgnosco nec postulo, facis amice; sed ut mihi videris, non recte iudicas de Catone; aut enim nemo quod quidem magis credo, aut si quisquam, ille sapiens fuit. quo modo ut alia omittam, mortem filii tulit! memineram Paulum, videram Galum, sed hi in pueris, Cato in perfecto et spectato viro. quam ob rem cave Catoni anteponas ne istum quidem ipsum quem Apollo ut ais sapientissimum iudicavit; huius enim facta, illius dicta laudantur. de me autem, ut iam cum utroque loquar, sic habetote:

Ego si Scipionis desiderio me moveri negem, quam id recte faciam, viderint sapientes; sed certe mentiar. moveor enim tali amico orbatus qualis ut arbitror nemo umquam erit, ut confirmare possum, nemo certe fuit; sed non egeo medicina, me ipse consolor et maxime illo solacio, quod eo errore careo quo amicorum decessu plerique angi solent. nihil mali accidisse Scipioni puto, mihi accidit, si quid accidit; suis autem incommodis graviter angi non amicum, sed se ipsum amantis est. cum illo vero quis neget actum esse praeclare? nisi enim quod ille minime putabat, inmortalitatem optare vellet, quid non adeptus est quod homini fas esset optare? qui summam spem civium quam de eo iam puero habuerant, continuo adulescens incredibili virtute superavit, qui consulatum petivit numquam, factus consul est bis, primum ante tempus, iterum sibi suo tempore, rei publicae paene sero, qui duabus urbibus eversis inimicissimis huic imperio non modo praesentia, verum etiam futura bella delevit. quid dicam de moribus facillimis de pietate in matrem liberalitate in sorores bonitate in suos iustitia

---

8 gaium Ω hi in pueris (iueris P) Cato in P *edd*. hi (*s. lin.* G¹ hi quidem g) nec comparantur catoni (catoni comp. g)yED 12 utroque uestrum yE 19 discessu g nihil (Nicħ B) enim g 23 minimi PEB²S⁻

in omnes? nota sunt vobis. quam autem civitati carus fuerit, maerore funeris indicatum est. quid igitur hunc paucorum annorum accessio iuvare potuisset? senectus enim quamvis non sit gravis, ut memini Catonem anno ante quam est mortuus, mecum et cum Scipione disserere, tamen aufert eam viriditatem in qua etiam nunc erat Scipio. quam ob rem vita quidem talis fuit vel fortuna vel gloria, ut nihil posset accedere, moriendi autem sensum celeritas abstulit; quo de genere mortis difficile dictu est, quid homines suspicentur videtis; hoc vere tamen licet dicere P. Scipioni ex multis diebus quos in vita celeberrimos laetissimosque viderit, illum diem clarissimum fuisse, quom senatu dimisso domum reductus ad vesperum est a patribus conscriptis populo Romano sociis et Latinis, pridie quam excessit e vita, ut ex tam alto dignitatis gradu ad superos videatur deos potius quam ad inferos pervenisse.

Neque enim adsentior iis qui haec nuper disserere coeperunt, cum corporibus simul animos interire atque omnia morte deleri; plus apud me antiquorum auctoritas valet vel nostrorum maiorum qui mortuis tam religiosa iura tribuerunt, quod non fecissent profecto, si nihil ad eos pertinere arbitrarentur, vel eorum qui in hac terra fuerunt magnamque Graeciam quae nunc quidem deleta est, tum florebat, institutis et praeceptis suis erudierunt, vel eius qui Apollinis oraculo sapientissimus est iudicatus, † qui non tum hoc tum illud ut in plerisque, sed idem semper, animos hominum esse divinos iisque, cum ex corpore excessissent, reditum in caelum patere optimoque et iu-

---

2 indicatum e iud- *Ω Se*. 6 etiam *om*. g e 10 dictum P
13 quam P quo E 14 ad vesperum reductus y 19 nuper haec y 28 cui non *Gul. Wr. (cf. Philol. XII 300)* 29 ut in (im P; uti in?) plerisque *Ω* ut plerique e *cf. Sey. p. 74*
31 opti(u G)moque PG optimo E o. cuique g et iust. cuique (qui- P)PGE cuique *om*. g

stissimo cuique expeditissimum. quod idem Scipioni
videbatur, qui quidem, quasi praesagiret, perpaucis
ante mortem diebus, cum et Philus et Manilius adesset
et alii plures tuque etiam Scaevola mecum venisses,
triduum disseruit de re pr blica; cuius disputationis
fuit extremum fere de inmɔrtalitate animorum, quae
se in quiete per visum ex Africano audisse dicebat.
id si ita est, ut optumi cuiusque animus in morte facillime evolet tamquam e custodia vinclisque corporis,
cui censemus cursum ad deos faciliorem fuisse quam
Scipioni? quocirca maerere hoc eius eventu vereor
ne invidi magis quam amici sit. sin autem illa veriora
ut idem interitus sit animorum et corporum nec ullus
sensus maneat, ut nihil boni est in morte sic certe nihil
mali; sensu enim amisso fit idem, quasi natus non
esset omnino, quem tamen esse natum et nos gaudemus et haec civitas dum erit, laetabitur, quam ob rem
cum illo quidem ut supra dixi actum optime est, mecum incommodius, quem fuerat aequius, ut prius introieram, sic prius exire de vita. sed tamen recordatione nostrae amicitiae sic fruor ut beate vixisse videar,
quia cum Scipione vixerim, quocum mihi coniuncta
cura de publica re et de privata fuit, quocum et domus
fuit et militia communis et id in quo est omnis vis
amicitiae, voluntatum studiorum sententiarum summa
consensio. itaque non tam ista me sapientiae quam
modo Fannius commemoravit, fama delectat, falsa
praesertim, quam quod amicitiae nostrae memoriam
spero sempiternam fore idque eo mihi magis est cordi,
quod ex omnibus saeculis vix tria aut quattuor nominantur paria amicorum; quo in genere sperare videor
Scipionis et Laeli amicitiam notam posteritati fore.

---

2 quique idem Ω 3 adessent G²g   7 per *om.* P   9 *cf.*
Plat. Phaed. p. 67d ὥσπερ ἐκ δεσμῶν ἐκ τοῦ σώματος   12 autem aut (haut EBS¹ haud S²)Ω uerior aut P¹ uereor aut P²
uereor ut yE   19 furatae P   23 priu. re G   26 sapientiam P
-ium E¹

16 FANNIUS. Istuc quidem Laeli ita necesse est. sed quoniam amicitiae mentionem fecisti et sumus otiosi, pergratum mihi feceris, spero item Scaevolae, si quem ad modum soles de ceteris rebus quom ex te quaeruntur, sic de amicitia disputaris quid sentias, qualem existumes, quae praecepta des.

SCAEVOLA. Mihi vero erit gratum; atque id ipsum cum tecum agere conarer, Fannius antevortit. quam ob rem utrique nostrum gratum admodum feceris.

17 LAELIUS. Ego vero non gravarer, si mihi ipse confiderem; nam et praeclara res est et sumus ut dixit Fannius, otiosi. sed quis ego sum? aut quae est in me facultas? doctorum est ista consuetudo eaque Graecorum, ut iis ponatur de quo disputent quamvis subito; magnum opus est egetque exercitatione non parva. quam ob rem quae disputari de amicitia possunt, ab eis censeo petatis qui ista profitentur; ego vos hortari tantum possum ut amicitiam omnibus rebus humanis anteponatis; nihil est enim tam naturae aptum, tam conveniens ad res vel secundas vel ad-
18 versas. sed hoc primum sentio nisi in bonis amicitiam esse non posse; neque id ad vivum reseco ut illi qui haec subtilius disserunt, fortasse vere, sed ad communem utilitatem parum; negant enim quemquam esse virum bonum nisi sapientem. sit ita sane; sed eam sapientiam interpretantur quam adhuc mortalis nemo est consecutus, nos autem ea quae sunt in usu vitaque communi, non ea quae finguntur aut optantur, spectare debemus. numquam ego dicam C. Fabricium M'. Curium Ti. Coruncanium, quos sapientes nostri maiores iudicabant, ad istorum normam fuisse sapientes. quare sibi habeant sapientiae nomen et invidiosum et obscurum, concedant ut viri boni fuerint.

---

4 cum y quam P quae ED quaeritur P Bai. Nck. Stz.
7 uero erit gr. P g G¹E uero gr. G¹ uero om. E pergr. uero erit D uero Bel. Ha. Bai. 14 his (is S) ponatur Ω dispon- G B propon- e iis praecpon- Er. 22 cf. Verr. 3, 50, 118 Colum. 6, 12, 3

§ 16—20 LAELIUS DE AMICITIA 53'

ne id quidem facient, negabunt id nisi sapienti posse
concedi. agamus igitur pingui ut aiunt Minerva. qui
ita se gerunt, ita vivunt ut eorum probetur fides in- 19
tegritas aequalitas liberalitas, nec sit in eis ulla cupi-
5 ditas libido audacia, sintque magna constantia ut ii
fuerunt, modo quos nominavi, hos viros bonos ut ha-
biti sunt sic etiam appellandos putemus, quia sequantur quantum homines possunt, naturam optimam bene
vivendi ducem. sic enim mihi perspicere videor ita
10 natos esse nos ut inter omnes esset societas quaedam,
maior autem, ut quisque proxume accederet. itaque
cives potiores quam peregrini, propinqui quam alieni;
cum his enim amicitiam natura ipsa peperit; sed ea
non satis habet firmitatis. namque hoc praestat ami-
15 citia propinquitati, quod ex propinquitate benivolentia
tolli potest, ex amicitia non potest; sublata enim benivolentia amicitiae nomen tollitur, propinquitatis manet.
quanta autem vis amicitiae sit, ex hoc intellegi maxime 20
potest quod ex infinita societate generis humani quam
20 conciliavit ipsa natura, ita contracta res est et adducta
in angustum, ut omnis caritas aut inter duos aut inter
paucos iungeretur.
    Est enim amicitia nihil aliud nisi omnium divina- 6
rum humanarumque rerum cum benivolentia et caritate
25 consensio; qua quidem haut scio an excepta sapientia
nihil melius homini sit a dis inmortalibus datum. divitias alii praeponunt, bonam alii valitudinem, alii potentiam, alii honores, multi etiam voluptates. beluarum
hoc quidem extremum, illa autem superiora caduca
30 et incerta, posita non tam in consiliis nostris quam
in fortunae temeritate. qui autem in virtute summum

---

2 cf. Hor. sat. 2, 6, 14 Colum. 1 praef. 33   4 aequalitas Ω
Er. Scr. Se. (cf. Sey. p. 114 ss.) aequitas maior pars edd.
5 sintque edd. sitque Ω Se.   7 quia sequantur PE qui asse-
quantur Gme qui sequa(u V)ntur g   10 omnes homines gE
19 ex infirmitas otietate P   26 nihil PE¹K Bai. La. Nck. Mue.
Se. quicquam y (m in ras. B) quicquid E² quid I   homini sit
xe sit hominibus ymaI Ha.

bonum ponunt, praeclare illi quidem, sed haec ipsa
virtus amicitiam et gignit et continet nec sine virtute
21 amicitia esse ullo pacto potest. iam virtutem ex consuetudine vitae sermonisque nostri interpretemur nec
eam ut quidam docti verborum magnificentia metia- 5
mur virosque bonos eos qui habentur, numeremus,
Paulos Catones Galos Scipiones Philos; his communis vita contenta est; eos autem omittamus qui om-
22 nino nusquam reperiuntur. talis igitur inter viros
amicitia tantas oportunitates habet quantas vix queo 10
dicere. principio qui potest esse vita 'vitalis' ut ait
Ennius, quae non in amici mutua benivolentia conquiescit? quid dulcius quam habere quicum omnia
audeas sic loqui ut tecum! qui esset tantus fructus
in prosperis rebus, nisi haberes qui illis aeque ac tu 15
ipse gauderet? adversas vero ferre difficile esset sine
eo qui illas gravius etiam quam tu ferret. denique
ceterae res quae expetuntur, oportunae sunt singulae
rebus fere singulis, divitiae ut utare, opes ut colare,
honores ut laudere, voluptates ut gaudeas, valitudo 20
ut dolore careas et muneribus fungare corporis; amicitia res plurimas continet; quoquo te verteris, praesto
est, nullo loco excluditur, numquam intempestiva, numquam molesta est; itaque non aqua, non igni ut aiunt
locis pluribus utimur quam amicitia. neque ego nunc 25
de vulgari aut de mediocri, quae tamen ipsa et delectat et prodest, sed de vera et perfecta loquor, qualis
eorum qui pauci nominantur, fuit. nam et secundas
res splendidiores facit amicitia et adversas partiens
7 communicansque leviores. 30
23 Quomque plurimas et maximas commoditates amicitia contineat, tum illa nimirum praestat omnibus,

---

4 uitae notrae y E   5 magnificentiam etiam uirosque P
7 galos Ω   10 tantes P   11 qui x q̄ G qu(a)e g m e   14 qui
x G³V *Bai. Nck. Se.* quis G¹B S e   19 colere P²K   20 ut *om.* P
laudare x S¹B¹   24 cf. *Plut. de adul. et am. discr.* 5   25 pl.
locis y   27 de re uera G D   31 quamque P K

§ 20—24 LAELIUS DE AMICITIA 55°

quod bonam spem praelucet in posterum nec debilitari animos aut cadere patitur. verum enim amicum qui intuetur, tamquam exemplar aliquod intuetur sui. quocirca et absentes adsunt et egentes abundant et
5 inbecilli valent et quod difficilius dictu est, mortui vivunt; tantus eos honos, memoria, desiderium prosequitur amicorum. ex quo illorum beata mors videtur, horum vita laudabilis. quodsi exemeris ex rerum natura benivolentiae coniunctionem, nec domus ulla nec urbs
10 stare poterit, ne agri quidem cultus permanebit. id si minus intellegitur, quanta vis amicitiae concordiaeque sit, ex dissensionibus atque ex discordiis percipi potest. quae enim domus tam stabilis, quae tam firma civitas est quae non odiis et discidiis funditus
15 possit everti? ex quo quantum boni sit in amicitia, iudicari potest. Agrigentinum quidem doctum quen- 2́ dam virum carminibus Graecis vaticinatum ferunt, quae in rerum natura totoque mundo constarent quaeque moverentur, ea contrahere amicitiam, dissipare
20 discordiam. atque hoc quidem omnes mortales et intellegunt et re probant. itaque si quando aliquod officium extitit amici in periculis aut adeundis aut communicandis, quis est qui id non maximis efferat laudibus? qui clamores tota cavea nuper in hospitis et
25 amici mei M. Pacuvi nova fabula! cum ignorante rege uter Orestes ⟨esset, Pylades⟩ Orestem se esse diceret, ut pro illo necaretur, Orestes autem ita ut erat, Orestem se esse perseveraret. stantes plaudebant in

---

2 uerum etiam am. y De 5 dictum Pe 6 desiderium *om.* g (*add.* S²) 9 iunctionem KG¹E 10 nec agri Ω *Er.* 12 atque ex (cm. g ED) discordiis y ED id et excordis PK percipi *codd.* perspici *Mdv. cf. Sey. p. 162* 17 vat. esse G E² 23 ecferat P *Mue.*
25 noua G -i x g 26 uter esset orestes pilades orestem se esse S² uternam o. esset amicusque eius pilades orestem se esse a uter orestes esse diceret P uter orestem se esse perseueraret G¹ (diceret . . . orestem se esse *add.* G¹) rege orestem esse se diceret E¹ (uter eorum esset orestes an pilades *add.* E²) uter orestem se esse diceret g quis esset orestes pilades se orestem D *cf. fin. 5, 22, 63*

re ficta; quid arbitramur in vera facturos fuisse? facile indicabat ipsa natura vim suam, cum homines, quod facere ipsi non possent, id recte fieri in altero iudicarent.

Hactenus mihi videor de amicitia quid sentirem po- 5
tuisse dicere; si quae praeterea sunt (credo autem esse multa), ab iis si videbitur, qui ista disputant, quaeritote.

25 FANNIUS. Nos autem a te potius; quamquam etiam ab istis saepe quaesivi et audivi non invitus equidem; 10 sed aliud quoddam filum orationis tuae.

SCAEVOLA. Tum magis id diceres Fanni, si nuper in hortis Scipionis, cum est de re publica disputatum, adfuisses. qualis tum patronus iustitiae fuit contra accuratam orationem Phili! 15

FANNIUS. Facile id quidem fuit iustitiam iustissimo viro defendere.

SCAEVOLA. Quid? amicitiam nonne facile ei qui ob eam summa fide constantia iustitiaque servatam maxumam gloriam ceperit? 20

8
26 LAELIUS. Vim hoc quidem est adferre. quid enim refert qua me ratione cogatis? cogitis certe. studiis enim generorum praesertim in re bona cum difficile est tum ne aequum quidem obsistere.

Saepissime igitur mihi de amicitia cogitanti maxime 25 illud considerandum videri solet utrum propter inbecillitatem atque inopiam desiderata sit amicitia, ut dandis recipiendisque meritis, quod quisque minus per se ipse posset, id acciperet ab alio vicissimque redderet, an esset hoc quidem proprium amicitiae, sed antiquior 30 et pulchrior et magis a natura ipsa profecta alia causa. amor enim, ex quo amicitia nominata est, princeps est

---

6 si quae P si qua gE si qua autem G 12 dicere P
21 cf. Plaut. Capt. 750 28 recipiendisque y reciperandisque P recipiendisque uel recuperandis (Se). E cf. Sey. p. 186 quo quisque G²gED quoquis PG¹K quod quis La. 32 pr. et ad P

ad benivolentiam coniungendam. nam utilitates quidem etiam ab iis percipiuntur saepe qui simulatione amicitiae coluntur et observantur temporis causa, in amicitia autem nihil fictum est, nihil simulatum et quidquid est, id est verum et voluntarium. quapropter 27 a natura mihi videtur potius quam ab indigentia orta amicitia, adplicatione magis animi cum quodam sensu amandi quam cogitatione, quantum illa res utilitatis esset habitura. quod quidem quale sit, etiam in bestiis quibusdam animadverti potest, quae ex se natos ita amant ad quoddam tempus et ab eis ita amantur ut facile earum sensus appareat. quod in homine multo est evidentius, primum ex ea caritate quae est inter natos et parentes, quae dirimi nisi detestabili scelere non potest; deinde cum similis sensus extitit amoris, si aliquem nacti sumus cuius cum moribus et natura congruamus, quod in eo quasi lumen aliquod probitatis et virtutis perspicere videamur. nihil est enim virtute 28 amabilius, nihil quod magis adliciat ad diligendum, quippe cum propter virtutem et probitatem etiam eos quos numquam vidimus, quodam modo diligamus. quis est qui C. Fabrici M'. Curi non cum caritate aliqua benivola memoriam usurpet, quos numquam viderit? quis autem est qui Tarquinium Superbum, qui Sp. Cassium Sp. Maelium non oderit? cum duobus ducibus de imperio in Italia est decertatum, Pyrrho et Hannibale; ab altero propter probitatem eius non nimis alienos animos habemus, alterum propter crudelitatem semper haec civitas oderit.

9

Quodsi tanta vis probitatis est ut eam vel in eis quos 29 numquam vidimus, vel quod maius est, in hoste etiam diligamus, quid mirum est, si animi hominum moveantur, cum eorum quibuscum usu coniuncti esse possunt,

---

1 coniungendi G iungendam g   2 etiam *om.* g   3 uoluntur P¹   4 nihil factum ł fictum nihil G   9 habitatura G
16 nati P   17 aliquid PK   19 ad(l) liceat PKE   23 quos *om.*
P   24 p. cassium Ω   27 *cf. off. 1, 12, 38 ss,*

virtutem et bonitatem perspicere videantur? quamquam confirmatur amor et beneficio accepto et studio perspecto et consuetudine adiuncta, quibus rebus ad illum primum motum animi et amoris adhibitis admirabilis quaedam exardescit benivolentiae magnitudo. quam si qui putant ab inbecillitate proficisci, ut sit per quem adsequatur quod quisque desideret, humilem sane relinquunt et minime generosum ut ita dicam ortum amicitiae, quam ex inopia atque indigentia natam volunt. quod si ita esset, ut quisque minimum esse in se arbitraretur, ita ad amicitiam esset aptissimus; quod longe secus est. ut enim quisque sibi plurimum confidit et ut quisque maxime virtute et sapientia sic munitus est ut nullo egeat suaque omnia in se ipso posita iudicet, ita in amicitiis expetendis colendisque maxime excellit. quid enim? Africanus indigens mei? minime hercule! ac ne ego quidem illius; sed ego admiratione quadam virtutis eius, ille vicissim opinione fortasse non nulla quam de meis moribus habebat, me dilexit; auxit benivolentiam consuetudo. sed quamquam utilitates multae et magnae consecutae sunt, non sunt tamen ab earum spe causae diligendi profectae. ut enim benefici liberalesque sumus, non ut exigamus gratiam (neque enim beneficium faeneramur, sed natura propensi ad liberalitatem sumus), sic amicitiam non spe mercedis adducti, sed quod omnis eius fructus in ipso amore inest, expetendam putamus. ab his qui pecudum ritu ad voluptatem omnia referunt, longe dissentiunt nec mirum; nihil enim altum, nihil magnificum ac divinum suspicere possunt qui suas omnes cogitationes abiecerunt in rem tam humilem tamque con-

---

3 consuetudodine G adiucta P 4 moris Pm¹ 10 uoluntur Pm (-as m?) 12 plurimum sibi ymna 16 excellitur P¹ quid enim ... 27 putamus *Gell. 17, 5, 21* 17 minime hercule ac *om. Gell.* anne G at ne D 19 habeat PD 20 beniuolencitiam P 25 libertatem P 26 adducta m¹e 30 susspicere G perspicere m¹ suscipere KEm² suspicere n¹ *sed* ci *suprascr.* 31 tam rem G

temptam. quam ob rem hos quidem ab hoc sermone removeamus, ipsi autem intellegamus natura gigni sensum diligendi et benivolentiae caritatem facta significatione probitatis. quam qui adpetiverunt, adplicant
5 se et propius admovent, ut et usu eius quem diligere coeperunt, fruantur et moribus sintque pares in amore et aequales propensioresque ad bene merendum quam ad reposcendum atque haec inter eos sit honesta certatio. sic et utilitates ex amicitia maximae capientur et
10 erit eius ortus a natura quam ab inbecillitate gravior et verior. nam si utilitas amicitias conglutinaret, eadem commutata dissolveret; sed quia natura mutari non potest, idcirco verae amicitiae sempiternae sunt. ortum quidem amicitiae videtis, nisi quid ad haec forte vultis.
15 FANNIUS. Tu vero perge Laeli; pro hoc enim qui minor est natu, meo iure repondeo.
SCAEVOLA. Recte tu quidem. quam ob rem audiamus. 33
LAELIUS. Audite vero optumi viri ea quae saepis- 10 sime inter me et Scipionem de amicitia disserebantur.
20 quamquam ille quidem nihil difficilius esse dicebat quam amicitiam usque ad extremum vitae diem permanere. nam vel ut non idem expediret, incidere saepe, vel ut de re publica non idem sentiretur; mutari etiam mores hominum saepe dicebat, alias ad-
25 versis rebus, alias aetate ingravescente. atque earum rerum exemplum ex similitudine capiebat ineuntis aetatis, quod summi puerorum amores saepe una cum praetexta toga ponerentur; sin autem ad adulescentiam 34 perduxissent, dirimi tamen interdum contentione vel
30 uxoriae condicionis vel commodi alicuius, quod idem adipisci uterque non posset. quodsi qui longius in

---

2 sensum Ω signum g 5 se x sese ymnea proprius P
8 concertatio G¹g 10 quam ad P 13 cf. Hier. epist. 3, 6
19 scipione P 21 diem vitae yael Ha. permare P 25 ingrauescente E¹S¹ -es Ω (-uestes P¹) 28 deponerentur ya Ha.
cf. Sey. p. 244 30 uxoriae Turn. luxoriae P -uriae (-c V -a S) yED

amicitia provecti essent, tamen saepe labefactari, si in honoris contentionem incidissent; pestem enim nullam maiorem esse amicitiis quam in plerisque pecuniae cupiditatem, in optimis quibusque honoris certamen et gloriae; ex quo inimicitias maximas saepe inter amicissimos exstitisse. magna etiam discidia et plerumque iusta nasci, cum aliquid ab amicis quod rectum non esset, postularetur, ut aut libidinis ministri aut adiutores essent ad iniuriam; quod qui recusarent, quamvis honeste id facerent, ius tamen amicitiae deserere arguerentur ab iis quibus obsequi nollent. illos autem qui quidvis ab amico auderent postulare, postulatione ipsa profiteri omnia se amici causa esse facturos. eorum querela inveteratas non modo familiaritates exstingui solere, sed odia etiam gigni sempiterna. haec ita multa quasi fata inpendere amicitiis, ut omnia subterfugere non modo sapientiae, sed etiam felicitatis diceret sibi videri.

Quam ob rem id primum videamus si placet, quatenus amor in amicitia progredi debeat. numne si Coriolanus habuit amicos, ferre contra patriam arma illi cum Coriolano debuerunt? num Vecellinum amici regnum adpetentem, num Maelium debuerunt iuvare? Tib. quidem Gracchum rem publicam vexantem a Q. Tuberone aequalibusque amicis derelictum videbamus. at C. Blossius Cumanus hospes familiae vestrae Scaevola, quom ad me, quod aderam Laenati et Rupilio consulibus in consilio, deprecatum venisset, hanc ut sibi ignoscerem causam adferebat, quod tanti Tib. Gracchum fecisset ut quidquid ille vellet, sibi faciendum putaret.

---

3 amicis PD   9 quid qui G¹   12 audirent G¹   15 etiam odia y   17 disceret P dicere E   18 quatenus PE -tinus GeD quotenus g   20 cf. Gell. 1, 3, 18   21 Vec- Mo. p. 598 s. becillinum xg inbecilli (suprascr. nū G²) Nu G becilli Num F   22 Maelium Mo. ammelium PF Amelium G¹ amellium G²ga amilium E   25 Blossius edd. bissius Ω cf. Plut. Tib. Gracch. 8. 17. Val. Max. 4, 7, 1 ss. (LA)   26 quam P Laenati edd. -e codd.

tum ego: 'etiamne si te in Capitolium faces ferre vellet?' 'numquam' inquit 'voluisset id quidem; sed si voluisset, paruissem.' videtis quam nefaria vox! et hercule ita fecit vel plus etiam quam dixit; non enim paruit ille Ti. Gracchi temeritati, sed praefuit, nec se comitem illius furoris, sed ducem praebuit. itaque hac amentia quaestione nova perterritus in Asiam profugit, ad hostes se contulit, poenas rei publicae graves iustasque persolvit. nulla est igitur excusatio peccati, si amici causa peccaveris; nam cum conciliatrix amicitiae virtutis opinio fuerit, difficile est amicitiam manere, si a virtute defeceris. quodsi rectum statuerimus vel concedere amicis quidquid velint, vel inpetrare ab iis quidquid velimus, perfecta quidem sapientia si simus, nihil habeat res vitii; sed loquimur de iis amicis qui ante oculos sunt, quos videmus aut de quibus memoria accepimus, quos novit vita communis. ex hoc numero nobis exempla sumenda sunt et eorum quidem maxime qui ad sapientiam proxume accedunt. videmus Papum Aemilium Luscino familiarem fuisse (sic a patribus accepimus), bis una consules, collegas in censura; tum et cum iis et inter se coniunctissimos fuisse M'. Curium Ti. Coruncanium memoriae proditum est. igitur ne suspicari quidem possumus quemquam horum ab amico quippiam contendisse quod contra fidem, contra ius iurandum, contra rem publicam esset. nam hoc quidem in talibus viris quid adtinet dicere, si contendisset, impetraturum non fuisse? cum illi sanctissimi viri fuerint, aeque autem nefas sit tale aliquid et facere rogatum et rogare. at vero Tib. Gracchum

---

1 etiamne si gEF *Scr. Mue.* etiamnisi PG etiamne inquam si *Er. Or. Ha.* 2 numquam inquit gE n. inquid P numquid inquit G 9 prosoluit P 14 si simus *Canter* simus si x sumus si yDneF *cf. Mdv. opusc. II 280* 16 uidimus E *Ha. Bai. Mue.* memoria PK -am *rell.* 19 accedant G -ent KD uidimus BSn 20 Papum P²F *Man.* Pgn paulum DE *J. A. G om. Mo. Bai.* 23 M. y marcum PE ti. P T. y titum E coruncanum G memoria y (V?)n 28 imperaturum P 29 uiri *om.* G

sequebantur C. Carbo C. Cato et minime tum quidem
12 C. frater nunc idem acerrimus.
40 Haec igitur lex in amicitia sanciatur ut neque rogemus res turpes nec faciamus rogati. turpis enim excusatio est et minime accipienda cum in ceteris pecca- 5
tis tum si quis contra rem publicam se amici causa fecisse fateatur. etenim eo loco Fanni et Scaevola locati
sumus, ut nos longe prospicere oporteat futuros casus
rei publicae. deflexit iam aliquantum de spatio curri-
41 culoque consuetudo maiorum. Tib. Gracchus regnum 10
occupare conatus est vel regnavit is quidem paucos
menses. num quid simile populus Romanus audierat
aut viderat? hunc etiam post mortem secuti amici et
propinqui quid in P. Scipione effecerint, sine lacrimis
non queo dicere. nam Carbonem quocumque modo po- 15
tuimus propter recentem poenam Tib. Gracchi sustinui-
mus; de C. Gracchi autem tribunatu quid expectem, non
lubet augurari. serpit † deinde res, quae proclivis ad
perniciem cum semel coepit, labitur. videtis in tabella
iam ante quanta sit facta labes, primo Gabinia lege, 20
biennio autem post Cassia. videre iam videor populum
a senatu disiunctum, multitudinis arbitrio res maximas
42 agi. plures enim discent quem ad modum haec fiant
quam quem ad modum his resistatur. quorsum haec?
quia sine sociis nemo quicquam tale conatur. prae- 25
cipiendum est igitur bonis, ut si in eius modi amicitias ignari casu aliquo inciderint, ne existiment ita se
alligatos ut ab amicis in magna aliqua re publica pec-

---

2 C. frater Ω carus fr. quidem D carissimus fr. B S² (fr. *om.*
S¹)Fna 3 lex amicit(c)iae gnI sanctiatur K E a sanctiat e
sancettur F 7 fat. Ω memoratur G¹ 9 aliquantum Ω 12 pop.
Rom. (P. R.) g p. PG(Ω)D p. r. G² p't (post) E 14 Scipione
P -em ED nasicam scipionem y fecerint g 15 quocumque
Kl. quoque P *Wr.* quoque quem (quāe G¹)yED posuimus
yED 18 serpit deinde (denique K) res quae Ω *Ha.* serpit id
in dies resque *Se. cf. Sey. p. 292;* serpit lente? procliulus G
gabiani P 25 preplendum G¹ 28 in magna aliqua republica
P in magnā aliquā rēp. (p. *om.* V)yED

cantibus non discedant; inprobis autem poena statuenda est nec vero minor iis qui secuti erunt alterum, quam iis qui ipsi fuerint impietatis duces. quis clarior in Graecia Themistocle, quis potentior? qui cum imperator bello Persico servitute Graeciam liberavisset propterque invidiam in exilium expulsus esset, ingratae patriae iniuriam non tulit quam ferre debuit, fecit idem quod XX annis ante apud nos fecerat Coriolanus. his adiutor contra patriam inventus est nemo; itaque mortem sibi uterque conscivit. quare talis inproborum 43 consensio non modo excusatione amicitiae tegenda non est, sed potius supplicio omni vindicanda est, ut ne quis concessum putet amicum vel bellum patriae inferentem sequi; quod quidem ut res ire coepit, haud scio an aliquando futurum sit. mihi autem non minori curae est qualis res publica post mortem meam futura, quam qualis hodie sit.

Haec igitur prima lex amicitiae sanciatur ut ab amicis honesta petamus, amicorum causa honesta faciamus, ne exspectemus quidem dum rogemur; studium semper adsit, cunctatio absit; consilium vero dare audeamus libere. plurimum in amicitia amicorum bene suadentium valeat auctoritas eaque et adhibeatur ad monendum non modo aperte, sed etiam acriter, si res postulabit, et adhibitae pareatur. nam quibusdam quos 45 audio sapientes habitos in Graecia, placuisse opinor mirabilia quaedam (sed nihil est quod illi non persequantur argutiis): partim fugiendas esse nimias amicitias, ne necesse sit unum sollicitum esse pro pluribus; satis superque esse sibi suarum cuique rerum, alienis nimis implicari molestum esse; commodissimum esse

---

3 ipsius G imperatis E 10 interque G 12 vincanda P uidicanda G¹E e 16 futura PEI Bai. f. sit y Ha. 17 qua qualis G 18 Haec igitur *sunt prima verba codicis* M lex in amicicia G sanctiatur Ke 19 causam honestam M 20 nec GKBI rogemus M e 21 uerum Ω 22 gaudeamus (-emus S¹)Ω 23 et *om.* G²KS 28 argutius gE 29 ne Gg²(*om.* B)E *om.* xg¹e

quam laxissimas habenas habere amicitiae, quas vel adducas cum velis, vel remittas; caput enim esse ad beate vivendum securitatem qua frui non possit animus, si tamquam parturiat unus pro pluribus. alios autem dicere aiunt multo etiam inhumanius (quem locum breviter paulo ante perstrinxi) praesidii adiumentique causa, non benivolentiae neque caritatis amicitias esse expetendas; itaque ut quisque minimum firmitatis haberet minimumque virium, ita amicitias adpetere maxime; ex eo fieri ut mulierculae magis amicitiarum praesidia quaerant quam viri et inopes quam opulenti et calamitosi quam ii qui putentur beati. o praeclaram sapientiam! solem enim e mundo tollere videntur qui amicitiam e vita tollunt, qua nihil a dis inmortalibus melius habemus, nihil iucundius. quae est enim ista securitas? specie quidem blanda, sed reapse multis locis repudianda. neque enim est consentaneum ullam honestam rem actionemve, ne sollicitus sis, aut non suscipere aut susceptam deponere. quodsi curam fugimus, virtus fugienda est quae necesse est cum aliqua cura res sibi contrarias aspernetur atque oderit, ut bonitas malitiam, temperantia lubidinem, ignaviam fortitudo; itaque videas rebus iniustis iustos maxime dolere, inbellibus fortes, flagitiosis modestos. ergo hoc proprium est animi bene constituti et laetari bonis rebus et dolere contrariis. quam ob rem, si cadit in sapientem animi dolor, qui profecto cadit, nisi ex eius animo extirpatam humanitatem arbitramur, quae causa est cur amicitiam funditus tollamus e vita, ne aliquas propter eam suscipiamus molestias? quid enim interest motu animi sublato non dico inter pecudem et

---

5 etiam *om.* g 6 adiuuentique P 8 amicitias appetere *cet. om.* M 12 hi (hii P) qui (qua G) putentur (-etur P¹)PGDe inqetentur M hi qui putantur gEFa 14 hi qui ye 16 re ab (a M) se x reipsa yFe (re *om.* S¹) 17 namque est g 18 ne *om.* M 19 susceptum MKF 26 cadit insipientem x(PM) 28 extirpari M

§ 45—50　LAELIUS DE AMICITIA

hominem, sed inter hominem et truncum aut saxum aut quidvis generis eiusdem? neque enim sunt isti audiendi qui virtutem duram et quasi ferream esse quandam volunt; quae quidem est cum multis in rebus tum in amicitia tenera atque tractabilis, ut et bonis amici quasi diffundatur et incommodis contrahatur. quam ob rem angor iste qui pro amico saepe capiendus est, non tantum valet ut tollat e vita amicitiam, non plus quam ut virtutes, quia non nullas curas et molestias adferunt, repudientur.

Cum autem contrahat amicitiam ut supra dixi, si qua significatio virtutis eluceat, ad quam se similis animus adplicet et adiungat, id cum contigit, amor exoriatur necesse est. quid enim tam absurdum quam delectari multis inanibus rebus ut honore ut gloria ut aedificio ut vestitu cultuque corporis, animante virtute praedito, eo qui vel amare vel ut ita dicam, redamare possit, non admodum delectari? nihil est enim remuneratione benivolentiae, nihil vicissitudine studiorum officiorumque iucundius. quid si illud etiam addimus quod recte addi potest, nihil esse quod ad se rem ullam tam alliciat et attrahat quam ad amicitiam similitudo? concedetur profecto verum esse, ut bonos boni diligant adsciscantque sibi quasi propinquitate coniunctos atque natura. nihil est enim appetentius similium sui nec rapacius quam natura. quam ob rem hoc quidem Fanni et Scaevola constet ut opinor bonis inter bonos quasi necessariam benivolentiam, qui est amicitiae fons a natura constitutus. sed eadem bonitas etiam ad mul-

---

1 inter homines M　2 aut uis M　enim *om.* g　ista M
6 diffundatur *Vict.* -antur Ω　contrahatur *Vict.* -antur Ω　9 ut *om.* G　quia non Ω qñ M　ullas G　10 molestia P　11 contrahat Ω contra ad G¹E si qua MKE si quasi P sic quasi y (V?) si qua quasi D　13 contingit DEe *Ha.*　15 inanibus *codd.* inanimis *Vict. cf. Sey. p. 334 et Eth. Nic. IX 1165ᵇ 23* ($\check{\alpha}\psi\nu\chi\alpha$) aedificatione M　16 animante x animo-(i E) autem yEea
21 alliciat I illic?(-e- G) at Ω　22 attrahat *edd.* tam trahat Ω tam contrahat e　concedetu M -atur gD　28 necessarium MK

titudinem pertinet. non enim est inhumana virtus neque inmunis neque superba, quae etiam populos universos tueri eisque optume consulere soleat; quod non 51 faceret profecto, si a caritate vulgi abhorreret. atque etiam mihi quidem videntur qui utilitatum causa fingunt amicitias, amabilissimum nodum amicitiae tollere. non enim tam utilitas parta per amicum quam amici amor ipse delectat tumque illud fit quod ab amico est profectum, iucundum, si cum studio est profectum; tantumque abest ut amicitiae propter indigentiam colantur, ut ii qui opibus et copiis maximeque virtute, in qua plurimum est praesidii, minime alterius indigeant, liberalissin sint et beneficentissimi. atque haut sciam an ne opu sit quidem nihil umquam omnino deesse amicis. ubi enim studia nostra viguissent, si numquam consilio, numquam opera nostra nec domi nec militiae Scipio eguisset? non igitur utilitatem amicitia, sed utilitas amicitiam secuta est.

15
52 Non ergo erunt homines deliciis diffluentes audiendi, si quando de amicitia quam nec usu nec ratione habent cognitam, disputabunt. nam quis est pro deorum fidem atque hominum! qui velit ut neque diligat quemquam nec ipse ab ullo diligatur, circumfluere omnibus copiis atque in omnium rerum abundantia vivere? haec enim est tyrannorum vita nimirum, in qua nulla fides, nulla caritas, nulla stabilis benivolentiae potest esse fiducia, omnia semper suspecta atque sollicita, nullus 53 locus amicitiae. quis enim aut eum diligat quem metuat, aut eum a quo se metui putet? coluntur tamen simulatione dumtaxat ad tempus. quodsi forte ut fit plerumque ceciderunt, tum intellegitur quam fuerint

---

5 utilitatum P (um *in ras.*) E -is *rell.*   7 tam Ω tantum M per Ω propter M   12 indigent M   14 scīo g   17 militiae Ω amicitiae P   18 consecutata G consecuta g   19 diliciis x(PM) affluentes M   20 si quidem de M   21 proh G *om.* E   22 fide MKE   25 est enim MED   31 ceciderint MKG³S²eaI -it g(S¹)

inopes amicorum. quod Tarquinium dixisse ferunt exulantem tum se intellexisse quos fidos amicos habuisset, quos infidos, cum iam neutris gratiam referre posset. quamquam miror, illa superbia et inportunitate 54 si quemquam amicum habere potuit. atque ut huius quem dixi mores veros amicos parare non potuerunt, sic multorum opes praepotentium excludunt amicitias fideles. non enim solum ipsa Fortuna caeca est, sed eos etiam plerumque efficit caecos quos conplexa est; itaque efferuntur fere fastidio et contumacia nec quicquam insipiente fortunato intolerabilius fieri potest. atque hoc quidem videre licet eos qui antea commodis fuerint moribus, imperio potestate prosperis rebus inmutari, sperni ab iis veteres amicitias, indulgeri novis. quid autem stultius quam cum plurimum copiis fa- 55 cultatibus opibus possint, cetera parare quae parantur pecunia, equos famulos vestem egregiam vasa pretiosa, amicos non parare, optumam et pulcherrimam vitae ut ita dicam supellectilem? etenim cetera cum parant, cui parent nesciunt, nec cuius causa laborent (eius enim est istorum quidque qui vicit viribus), amicitiarum sua cuique permanet stabilis et certa possessio; ut etiamsi illa maneant, quae sunt quasi dona Fortunae, tamen vita inculta et deserta ab amicis non possit esse iucunda. sed haec hactenus.

Constituendi autem sunt qui sint in amicitia fines 16
et quasi termini diligendi. de quibus tres video sen- 56
tentias ferri, quarum nullam probo, unam ut eodem
modo erga amicum adfecti simus quo erga nosmet

---

1 fuerunt g 2 tum exulantem Ω cū ex. G² cum exultantem P ex. tum *Mdv. cf. Sey. p. 360* 3 neutris S -i Ω 4 quam M minor P¹M(x) 6 parere GD 8 enim Ω ergo M 12 hic G uideri G²gE 13 fuerant (fueant B¹)g 14 sperni ... novis *om.* P 15 plurimam M 17 pecuniam P ueste egregia G 20 parantur *et* parentur yEea laborant Ω -antur P¹ 21 uincit G¹e *Ha.* 23 quae Ω qñ M 25 actenus M¹KE acteus G¹ 26 sunt autem g sunt aut G qui sunt E 27 dilig- KEDS⁻ delig- PS¹ deleg- GV diliendi B dirig- M 29 effecti M sumus G

ipsos, alteram ut nostra in amicos benivolentia illorum erga nos benivolentiae pariter aequaliterque respondeat, tertiam ut quanti quisque se ipse facit, tanti
57 fiat ab amicis. harum trium sententiarum nulli prorsus adsentior. nec enim illa prima vera est, ut quem ad modum in se quisque sit, sic in amicum sit animatus. quam multa enim quae nostra causa numquam faceremus, facimus causa amicorum! precari ab indigno, supplicare, tum acerbius in aliquem invehi insectarique vehementius, quae in nostris rebus non satis honeste, in amicorum fiunt honestissime; multaeque res sunt, in quibus de suis commodis viri boni multa detrahunt detrahique patiuntur, ut iis amici potius quam
58 ipsi fruantur. altera sententia est quae definit amicitiam paribus officiis ac voluntatibus. hoc quidem est nimis exigue et exiliter ad calculos vocare amicitiam, ut par sit ratio acceptorum et datorum. divitior mihi et affluentior videtur esse vera amicitia nec observare restricte ne plus reddat quam acceperit; neque enim verendum est, ne quid excidat aut ne quid in terram defluat aut ne plus aequo quid in amicitiam con-
59 geratur. tertius vero ille finis deterrumus, ut quanti quisque se ipse faciat, tanti fiat ab amicis. saepe enim in quibusdam aut animus abiectior est aut spes amplificandae fortunae fractior. non est igitur amici talem esse in eum qualis ille in se est, sed potius eniti et efficere ut amici iacentem animum excitet inducatque in spem cogitationemque meliorem. alius igitur finis verae amicitiae constituendus est, si prius quid maxume reprehendere Scipio solitus sit, dixero. negabat ullam vocem inimiciorem amicitiae potuisse reperiri

---

6 sit sic y E D e sit P sic M K *Mo.*   7 nostra x -i y E D I
15 uoluptatibus G e   17 diuinior E   18 am. uera y   19 stricte G E e *Ha.*   acceperat G^1E 23 faciet M   24 aut si spes P M (x)
28 in spem e D (D?) spem Ω *(recte?)*   30 edixero y E e
31 inimicic(t B)iorem y (V?) inimicorum M   posse M

quam eius qui dixisset ita amare oportere, ut si aliquando esset osurus; nec vero se adduci posse ut hoc, quem ad modum putaretur, a Biante esse dictum crederet, qui sapiens habitus esset unus e septem; impuri cuiusdam aut ambitiosi aut omnia ad suam potentiam revocantis esse sententiam. quonam enim modo quisquam amicus esse poterit ei cui se putabit inimicum esse posse? quin etiam necesse erit cupere et optare ut quam saepissime peccet amicus, quo plures det sibi tamquam ansas ad reprehendendum; rursum autem recte factis commodisque amicorum necesse erit angi dolere invidere. quare hoc quidem praeceptum, cuiuscumque est., ad tollendam amicitiam valet; illud potius praecipiendum fuit ut eam diligentiam adhiberemus in amicitiis comparandis, ut ne quando amare inciperemus eum quem aliquando odisse possemus. quin etiam, si minus felices in diligendo fuissemus, ferendum id Scipio potius quam inimicitiarum tempus cogitandum putabat.

His igitur finibus utendum arbitror, ut cum emendati mores amicorum sint, tum sit inter eos omnium rerum consiliorum voluntatum sine ulla exceptione communitas, ut etiamsi qua fortuna acciderit ut minus iustae amicorum voluntates adiuvandae sint, in quibus eorum aut caput agatur aut fama, declinandum de via sit, modo ne summa turpitudo sequatur; est enim quatenus amicitiae dari venia possit. nec vero neglegenda est fama nec mediocre telum ad res gerendas existimare oportet benivolentiam civium; quam blanditiis

---

1 ὡς δεῖ φιλεῖν ὡς μισήσοντα καὶ μισεῖν ὡς φιλήσοντα cf. Arist. rhet. 2, 13   2 hoc om. g   3 a B. Ω ablacente MG¹ abuante G²   dict. esse G   4 Gell. 1, 3, 39 Publil. 245   7 ei PK eius cett.   putabat g (-bit V²)   9 sibi det MK e   10 reprehendum G   rursus MG   14 etiam M   16 possumus K putemus M 17 delig- P   18 inamicit- PMG¹(Ω)   20 his igitur ... 27 possit Gell. 1, 3, 13   25 de capite G²g om. E   ut fama P a uia M¹ 26 sit g(S²) Gell. est xGS¹ Nck.   quatinus ME quotenus g 27 amicitia M   venia dari Gell.   28 est om. M

et adsentando colligere turpe est; virtus quam sequitur caritas, minime repudianda est. sed (saepe enim
redeo ad Scipionem cuius omnis sermo erat de amicitia) querebatur quod omnibus in rebus homines dili-
gentiores essent; capras et oves quot quisque haberet,
dicere posse, amicos quot haberet, non posse dicere,
et in illis quidem parandis adhibere curam, in amicis
eligendis neglegentis esse nec habere quasi signa quaedam et notas, quibus eos qui ad amicitias essent ido-
nei, iudicarent. sunt igitur firmi et stabiles et constan-
tes eligendi; cuius generis est magna penuria. et iudicare difficile est sane nisi expertum; experiendum
autem est in ipsa amicitia. ita praecurrit amicitia iudicium tollitque experiendi potestatem. est igitur pru-
dentis sustinere ut cursum sic impetum benivolentiae,
† quo utamur quasi equis temptatis sic amicitia ex
aliqua parte periclitatis moribus amicorum. quidam
saepe in parva pecunia perspiciuntur quam sint leves,
quidam autem, quos parva movere non potuit, cogno-
scuntur in magna. sin vero erunt aliqui reperti qui pecuniam praeferre amicitiae sordidum existiment, ubi
eos inveniemus qui honores magistratus imperia po-
testates opes amicitiae non anteponant, ut cum ex altera parte proposita haec sint, ex altera ius amicitiae,
non multo illa malint? inbecilla enim est natura ad
contemnendam potentiam; quam etiamsi neglecta amicitia consecuti sint, obscuratum iri arbitrantur, quia
non sine magna causa sit neglecta amicitia. itaque

---

1 assentenda M   colle(i P²)geretur potest uirtus P   2 enim
om. g   3 omni M   6 diceret *bis* M   posset *bis* Ω   7 adhibere Ω   habere M   8 elig- PM²EeD delig- M¹ *Bai.* dilig- y
Ha.   9 amicitiam gE   13 amicitia iuditium *cet. om.* M
15 cursum Py currum MDEKe   16 quo Ω *cf. Sey. p. 409* (a)equis
codd. Scr. Mue. cf. Theogn. 125 aquis b *Er. Lb.* temptatis (tenta-
tis) *edd.* tempestatis ΩK temperatis gEDea *Scr.* amicitia EVS²
-as ΩBS¹K   20 sin vero erunt My *Ha. Se.* sinuerunt P sin erunt DE
Mue.   24 praepos- MSB   sunt g sint S² ius *om.* M   25 est enim
M   27 sint xFV²e¹ Mdv.   sunt yEDae² obscuratuiri PM(x)
c n sine M

§ 61—66 LAELIUS DE AMICITIA 71ᶜ

verae amicitiae difficillime reperiuntur in iis qui in honoribus reque publica versantur; ubi enim istum invenias qui honorem amici anteponat suo? quid? haec ut omittam quam graves, quam difficiles plerisque videntur calamitatum societates! ad quas non est facile inventu qui descendant. quamquam Ennius recte: 'amicus certus in re incerta cérnitur,' tamen haec duo levitatis et infirmitatis plerosque convincunt, aut si in bonis rebus contemnunt aut in malis deserunt. qui igitur 18 utraque in re gravem constantem stabilem se in amicitia praestiterit, hunc ex maxime raro genere hominum iudicare debemus et paene divino.
Firmamentum autem stabilitatis constantiaeque est (18) eius quam in amicitia quaerimus, fides; nihil est enim 65 stabile quod infidum est. simplicem praeterea et communem et consentientem, id est qui rebus isdem moveatur, eligi par est, quae omnia pertinent ad fidelitatem; neque enim fidum potest esse multiplex ingenium et tortuosum, neque vero qui non isdem rebus movetur naturaque consentit, aut fidus aut stabilis potest esse, addendum eodem est ut ne criminibus aut inferendis delectetur aut credat oblatis, quae pertinent omnia ad eam quam iam dudum tracto, constantiam. ita fit verum illud quod initio dixi, amicitiam nisi inter bonos esse non posse. est enim boni viri, quem eundem sapientem licet dicere, haec duo tenere in amicitia: primum ne quid fictum sit neve simulatum; aperte enim vel odisse magis ingenui est quam fronte occultare sententiam; deinde non solum ab aliquo allatas criminationes repellere, sed ne ipsum quidem esse suspiciosum semper aliquid existimantem ab amico esse violatum. accedat huc suavitas quaedam oportet 66

---

1 inueniuntur M¹ repper- M² his (om. in) qui M 4 ut om.
P 6 discend- P distend- M disced- K Enn. trag. 388; cf. Eurip.
Hec. 1202 Publil. 42 Petron. 610 7 hęduo M 13 est eius om.
M 14 fides est M enim est g 18 esse pot. M 20 moueatur
M 21 esse pot. M 25 non esse M posse om. M 26 dic.
licet g 27 neque simllatum M 29 serent. Jam P

sermonum atque morum, haudquaquam mediocre condimentum amicitiae. tristitia autem et in omni re severitas habet illa quidem gravitatem, sed amicitia remissior esse debet et liberior et dulcior et ad omnem comitatem facilitatemque proclivior. Existit autem hoc loco quaedam quaestio subdifficilis num quando amici novi, digni amicitia, veteribus sint anteponendi, ut equis vetulis teneros anteponere solemus. indigna homine dubitatio! non enim debent esse amicitiarum sicut aliarum rerum satietates; veterrima quaeque ut ea vina quae vetustatem ferunt, esse debet suavissima; verumque illud est quod dicitur, multos modios salis simul edendos esse, ut amicitiae munus expletum sit. novitates autem si spem adferunt, ut tamquam in herbis non fallacibus fructus appareat, non sunt illae quidem repudiandae, vetustas tamen suo loco conservanda; maxima est enim vis vetustatis et consuetudinis. quin ipso equo, cuius modo feci mentionem, si nulla res impediat, nemo est quin eo quo consuevit, libentius utatur quam intractato et novo, nec vero in hoc quod est animal, sed in iis etiam quae sunt inanima, consuetudo valet, quom locis ipsis delectemur, montuosis etiam et silvestribus, in quibus diutius commorati sumus.

Sed maximum est in amicitia parem esse inferiori. saepe enim excellentiae quaedam sunt, qualis erat Scipionis in nostro ut ita dicam grege. numquam se ille Philo, numquam Rupilio, numquam Mummio antepo-

---

2 seueritatis M 3 haud illa M illa habet S grauitate M
9 ind. dub. homine M om. K 12 debet Mue. Se. -ent codd.
Er. Scr. Or. cf. Mdv. opusc. II 284 17 loco suo MKEDeg
18 quin Pithoeus Mue. qui in P quę in M quin in K quin et F
quin et in yEa atqui in D quin etiam in Kl. Ha. mentione P
19 quin x a² Bai. qui non y a¹ Ha. 20 -tracto MV¹
22 inanimata BV² -ali M quom Mue. cum Ha. Se. quin Ω
qui in KE 23 et om. M et diutius M 25 parum M
26 scipio M 27 se ille sunt prima verba frg. f 28 filo G
filio f spilo M rupilio S¹ rutilio Ω nu(m)mio EBS

suit, numquam inferioris ordinis amicis, Q. vero Maximum fratrem egregium virum omnino sibi nequaquam parem, quod is anteibat aetate, tamquam superiorem colebat suosque omnes per se posse esse ampliores volebat. quod faciendum imitandumque est omnibus, ut si quam praestantiam virtutis ingenii fortunae consecuti sint, inpertiant ea suis communicentque cum proximis, ut si parentibus nati sint humilibus, si propinquos habeant inbecilliore vel animo vel fortuna, eorum augeant opes eisque honori sint et dignitati. ut in fabulis qui aliquamdiu propter ignorationem stirpis et generis in famulatu fuerunt, cum cogniti sunt et aut deorum aut regum filii inventi, retinent tamen caritatem in pastores, quos patres multos annos esse duxerunt. quod est multo profecto magis in veris patribus certisque faciendum. fructus enim ingenii et virtutis omnisque praestantiae tum maxumus capitur, cum in proxumum quemque confertur.

Ut igitur ii qui sunt in amicitiae coniunctionisque necessitudine superiores, exaequare se cum inferioribus debent, sic inferiores non dolere se a suis aut ingenio aut fortuna aut dignitate superari. quorum plerique aut queruntur semper aliquid aut etiam exprobrant eocue magis, si habere se putant quod officiose et amice et cum labore aliquo suo factum queant dicere. odiosum sane genus hominum officia exprobrantium; quae meminisse debet is in quem conlata sunt, non commemorare qui contulit. quam ob rem ut ii qui superiores sunt, summittere se debent in amicitia, sic quodam modo inferiores extollere. sunt enim quidam

---

4 posse *del. Ha.* 7 sunt MGEVDe f *Ha.* 8 prox. et si M sunt MD 9 in(m)becilliores MG²gDE e f *Ha.* 10 augeat f egeant M ut in... 13 inuenti *Non. p. 206* 12 fuerunt *Mdv.* -rint Ω *Non.* ignoti f 14 duxerunt E (*om.* esse) D *Ha. Mue.* -rint x *Se. La. Mo.* -dixerunt y f a 16 uirtus M 17 maximis K permaximus g permaximum f 21 inferioribus M se *om.* M 23 quaerunt P exprobant PKG¹Se 24 sic G 25 dic. queant BS(g?) 26 exprobantium PG¹ 30 se ext. *Ha.*

qui molestas amicitias faciunt, cum ipsi se contemni putant; quod non fere contingit nisi iis qui etiam contemnendos se arbitrantur; qui hac opinione non modo verbis, sed etiam opere levandi sunt. tantum autem cuique tribuendum, primum quantum ipse efficere possis, deinde etiam quantum ille quem diligas atque adiuves, sustinere. non enim neque tu possis quamvis excellas, omnes tuos ad honores amplissimos perducere, ut Scipio P. Rupilium potuit consulem efficere, fratrem eius L. non potuit. quodsi etiam possis quidvis deferre ad alterum, videndum est tamen quid ille possit sustinere.

Omnino amicitiae conroboratis iam confirmatisque et ingeniis et aetatibus iudicandae sunt nec si qui ineunte aetate venandi aut pilae studiosi fuerunt, eos habere necessarios quos tum eodem studio praeditos dilexerunt. isto enim modo nutrices et paedagogi iure vetustatis plurimum benivolentiae postulabunt; qui neglegendi quidem non sunt, sed alio quodam modo † est. aliter amicitiae stabiles permanere non possunt. dispares enim mores, disparia studia sequuntur, quorum dissimilitudo dissociat amicitias; nec ob aliam causam ullam boni improbis, improbi bonis amici esse non possunt, nisi quod tanta est inter eos quanta maxima potest esse morum studiorumque distantia. recte etiam praecipi potest in amicitiis ne intemperata quaedam benivolentia, quod persaepe fit, impediat magnas utilitates amicorum. nec enim ut ad fabulas redeam, Troiam Neoptolemus capere potuisset, si Lycomedem apud quem erat educatus, multis cum lacrimis iter

---

1 molestias amicitiae M se *om.* M 2 ferre PM(x)BS¹f contigit PMG(Ω)BSe 3 qui in hac M 4 opera M 5 possit Ge 6 quem Ω quidem M 7 quantumuis ME 9 P. Ω P. P. M rut- Ω 14 et ing. Ω ing. M et aet. Ω aet. PKE 17 dixerunt M 20 est Ω (et B), aestimandi *Mo.* honestandi *Mei.* colendi *Ven.* 21 eorum quorum GI 24 quod tanta Ω quia protenta M 26 amicitias BS¹(g?)I quadam PK *om.* BS 27 magnas *usque ad* § 78 ne etiam *om.* P

suum impedientem audire voluisset. et saepe incidunt magnae res, ut discedendum sit ab amicis; quas qui impedire vult, quod desiderium non facile ferat, is et infirmus est mollisque natura et ob eam ipsam causam in amicitia parum iustus. atque in omni re considerandum est et quid postules ab amico et quid patiare a te impetrari. Est etiam quaedam calamitas in amicitiis dimittendis non numquam necessaria; iam enim a sapientium familiaritatibus ad vulgares amicitias oratio nostra delabitur. erumpunt saepe vitia amicorum tum in ipsos amicos tum in alienos, quorum tamen ad amicos redundet infamia. tales igitur amicitiae sunt remissione usus eluendae et ut Catonem dicere audivi, dissuendae magis quam discindendae, nisi quaedam admodum intolerabilis iniuria exarserit, ut neque rectum neque honestum sit nec fieri possit ut non statim alienatio disiunctioque faciunda sit. sin autem aut morum aut studiorum commutatio quaedam ut fieri solet, facta erit aut in rei publicae partibus dissensio intercesserit (loquor enim iam ut paulo ante dixi, non de sapientium, sed de communibus amicitiis), cavendum erit ne non solum amicitiae depositae, sed etiam inimicitiae susceptae videantur. nihil est enim turpius quam cum eo bellum gerere quocum familiariter vixeris. ab amicitia Q. Pompei meo nomine se removerat ut scitis Scipio; propter dissensionem autem quae erat in re publica, alienatus est a collega nostro Metello; utrumque egit graviter, auctoritate et offensione animi non acerba. quam ob rem primum danda opera est ne qua ami-

---

2 discendum K -cendendum M   10 dilabitur Ω (-atur B¹)
14 eluendae magis *cet. om.* M *dict.* 70 Jordan *cf. off. 1, 33, 120*
   15 disscind- G discid- e rescind- F   18 sint autem M
19 quaedam *om.* M   20 re p. MK   21 sapientibus M   22 amicis M   25 quicum KED cum quo F   26 remoueat M   29 auctoritate Ω ac temperate *La.* at cum bonitate *Mei. cf. Sey. p. 474*
   30 quam ob rem... uideantur *Non. p. 440*

corum discidia fiant; sin tale aliquid evenerit, ut extinctae potius amicitiae quam oppressae videantur. cavendum vero ne etiam in graves inimicitias convertant se amicitiae; ex quibus iurgia maledicta contumeliae gignuntur. quae tamen si tolerabiles erunt, ferendae sunt et hic honos veteri amicitiae tribuendus, ut is in culpa sit qui faciat, non qui patiatur iniuriam.

Omnino omnium horum vitiorum atque incommodorum una cautio est atque una provisio ut ne nimis cito diligere incipiant neve non dignos. digni autem sunt amicitia quibus in ipsis inest causa cur diligantur. rarum genus. et quidem omnia praeclara rara nec quicquam difficilius quam reperire quod sit omni ex parte in suo genere perfectum. sed plerique neque in rebus humanis quicquam bonum norunt nisi quod fructuosum sit, et amicos tamquam pecudes eos potissimum diligunt, ex quibus sperant se maxumum fructum esse capturos. ita pulcherrima illa et maxume naturali carent amicitia per se et propter se expetita nec ipsi sibi exemplo sunt, haec vis amicitiae et qualis et quanta sit. ipse enim se quisque diligit, non ut aliquam a se ipse mercedem exigat caritatis suae, sed quod per se sibi quisque carus est. quod nisi idem in amicitiam transferetur, verus amicus numquam reperietur; est enim is qui est tamquam alter idem. quodsi hoc apparet in bestiis volucribus nantibus agrestibus cicuribus feris, primum ut se ipsae diligant (id enim pariter cum omni animante nascitur), deinde ut requirant atque adpetant ad quas se adplicent eiusdem ge-

---

1 aliquid Ω potius M¹ 2 esse uid. yEe *Ha. Havet, Man. de critique verb. Paris 1911 p. 302* 6 ferenda PK 7 non is qui MEe 11 neue indignos (dignos S¹)GBS²ef 13 *cf. fin. 2, 25, 81 Plat. Euthyd. 304* B 19 esse *om.* M naturabili (-alia S¹) MKS²F 21 et qualis E¹f est q. PGBSe est et q. M est et q. est K qualis E²DI 23 ipse x (ipse a se E)g(V?)eKf ipso G *Ha.* 24 quisque sibi y(V?) 25 reperiretur MD 27 nantibus *om.* M 28 ipsae *om.* y(V?)f 29 amante G

neris animantis, idque faciunt cum desiderio et cum quadam similitudine amoris humani, quanto id magis in homine fit natura! qui et se ipse diligit et alterum anquirit, cuius animum ita cum suo misceat ut efficiat
5 paene unum ex duobus.

Sed plerique perverse ne dicam inpudenter habere talem amicum volunt, quales ipsi esse non possunt, quaeque ipsi non tribuunt amicis, haec ab iis desiderant. par est autem primum ipsum esse virum bonum
10 tum alterum similem sui quaerere. in talibus ea quam iam dudum tractamus, stabilitas amicitiae confirmari potest, cum homines benivolentia coniuncti primum cupiditatibus iis quibus ceteri serviunt, imperabunt, deinde aequitate iustitiaque gaudebunt omniaque alter
15 pro altero suscipiet neque quicquam umquam nisi honestum et rectum alter ab altero postulabit neque solum colent inter se ac diligent, sed etiam verebuntur. nam maxumum ornamentum amicitiae tollit qui ex ea tollit verecundiam. itaque ih iis perniciosus est error,
20 qui existumant lubidinum peccatorumque omnium patere in amicitia licentiam; virtutum amicitia adiutrix a natura data est, non vitiorum comes, ut quoniam solitaria non posset virtus ad ea quae summa sunt, pervenire, coniuncta et consociata cum altera perveniret.
25 quae si quos inter societas aut est aut fuit aut futura est, eorum est habendus ad summum naturae bonum optumus beatissimusque comitatus. haec est inquam societas in qua omnia insunt, quae putant homines expetenda, honestas gloria tranquillitas animi atque
30 iucunditas, ut et cum haec adsint, beata vita sit et sine

---

3 sit Ω diligat *et* 4 anquirat G *Ha. cf. Sey. p. 485* misceant P 6 imprudenter MD talem am. habere yDfe *Ha.* t. h. am. E 8 tribuant M desiderat P 9 pars est M 11 tractauimus MD 14 alter ab altero y (*corr.* G²S²) 15 rect. et hon. g 19 uerac- G 20 li(u P) bidinem Ω -e g 22 ut quo M 24 per coniuncta G sociata P¹G¹ 25 societates M 26 bonum Ω horum M 28 insunt Ω haec sunt M sunt E e 29 honesta M tranquillitatis M

his esse non possit. quod cum optumum maxumumque sit, si id volumus adipisci, virtuti opera danda est, sine qua nec amicitiam neque ullam rem expetendam consequi possumus; ea vero neglecta qui se amicos habere arbitrantur, tum se denique errasse sentiunt, cum eos gravis aliquis casus experiri cogit. quocirca (dicendum est enim saepius) cum iudicaris, diligere oportet, non cum dilexeris iudicare. sed cum multis in rebus neglegentia plectimur, tum maxime in amicis et diligendis et colendis; praeposteris enim utimur consiliis et acta agimus, quod vetamur vetere proverbio. nam implicati ultro et citro vel usu diuturno vel etiam officiis repente in medio cursu amicitias exorta aliqua offensione disrumpimus.

Quo etiam magis vituperanda est rei maxime necessariae tanta incuria. una est enim amicitia in rebus humanis, de cuius utilitate omnes uno ore consentiunt. quamquam a multis virtus ipsa contemnitur et venditatio quaedam atque ostentatio esse dicitur; multi divitias despiciunt, quos parvo contentos tenuis victus cultusque delectat; honores vero quorum cupiditate quidam inflammantur, quam multi ita contemnunt ut nihil inanius, nihil esse levius existiment! itemque cetera quae quibusdam admirabilia videntur, permulti sunt qui pro nihilo putent; de amicitia omnes ad unum idem sentiunt et ii qui ad rem publicam se contulerunt, et ii qui rerum cognitione doctrinaque delectantur, et ii qui suum negotium gerunt otiosi, po-

---

2 uoluimus G¹ op. danda Ω operanda P   4 possimus G¹ - 6 grauius g (*corr.* V²) experire M cog. exp. g   7 enim *om.* g iudicaueris y e -uerius I   11 *cf. Plaut. Cist. 703 Pseud. 261 Ter. Phorm. 419 Cic. Att. 9, 6, 6; 9,18,3* utamur G¹ uetamus M
12 uel uno diurno M   14 disrumpemus S dis(di B)rumpamus BV dirumpimus E e   18 quamquam Ω *del. Mdv. Bai.* namque *Lb. cf. Sey. p. 500 s.*   20 desp. Ω spernunt E   21 uicitur M
24 cetera quae Ω caetamque M   25 putant g   26 idem Ω diem g (*corr.* S² *om.* V)   27 contulerint P M K (x) S V (g?) a cognatione G¹ condicione M   28 odiosi M

§ 84—88   LAELIUS DE AMICITIA   79ᶜ

stremo ii qui se totos tradiderunt voluptatibus, sine amicitia vitam esse nullam, si modo velint aliqua ex parte liberaliter vivere. serpit enim nescio quo modo 87 per omnium vitas amicitia nec ullam aetatis degendae
5 rationem patitur esse expertem sui. quin etiam si quis asperitate ea est et inmanitate naturae, congressus ut hominum fugiat atque oderit, qualem fuisse Athenis Timonem nescio quem accepimus, tamen is pati non possit ut non anquirat aliquem, apud quem evomat
10 virus acerbitatis suae. atque hoc maxime iudicaretur, si quid tale posset contingere ut aliquis nos deus ex hac hominum frequentia tolleret et in solitudine uspiam collocaret atque ibi suppeditans omnium rerum quas natura desiderat, abundantiam et copiam hominis
15 omnino aspiciendi potestatem eriperet. quis tam esset ferreus qui eam vitam ferre posset, cuique non auferret fructum voluptatum omnium solitudo? verum ergo 88 illud est quod a Tarentino Archyta ut opinor dici solitum nostros senes commemorare audivi ab aliis seni-
20 bus auditum: 'si quis in caelum ascendisset naturamque mundi et pulchritudinem siderum perspexisset, insuavem illam admirationem ei fore; quae iucundissima fuisset, si aliquem cui narraret, habuisset.' sic natura solitarium nihil amat semperque ad aliquod tamquam
25 adminiculum adnititur; quod in amicissimo quoque dulcissimum est.

Sed cum tot signis eadem natura declaret quid velit 24 anquirat desideret, tamen obsurdescimus nescio quo modo nec ea quae ab ea monemur, audimus. est enim
30 varius et multiplex usus amicitiae multaeque causae

---

1 tradiderint (-unt E) x   2 nullam (in marg. S) sentiunt y modo ⱡ aliqua M   3 serpit enim Ω sempiternum M   8 quem Ω que PM(x)   9 anquirat y adq- x acq- Ee inq- D   11 possit Ω aliqui MK   13 usquiam P ubi M   14 abundantia et copia PMK(x)   16 ferreūs G   possit PMK(x) auferat M   18 terentiano G   21 que om. g (add. S³)   23 nisi aliquem M nisi aliqui B   24 tamquod P om. E   27 declarat SV(g?)D   28 an(ac- Ee in- D) quirat Ω an quid M   30 ulsus M

suspicionum offensionumque dantur, quas tum evitare, tum elevare, tum ferre sapientis est; una illa sublevanda offensio est, ut et utilitas in amicitia et fides retineatur: nam et monendi amici saepe sunt et obiurgandi et haec accipienda amice, cum benivole fiunt. 5
89 sed nescio quo modo verum est quod in Andria familiaris meus dicit: 'obséquium amicos, véritas odiúm parit.' molesta veritas, siquidem ex ea nascitur odium quod est venenum amicitiae, sed obsequium multo molestius, quod peccatis indulgens praecipitem amicum 10 ferri sinit; maxuma autem culpa in eo qui et veritatem aspernatur et in fraudem obsequio inpellitur. omni igitur hac in re habenda ratio et diligenta est, primum ut monitio acerbitate, deinde ut obiurgatio contumelia careat; in obsequio autem, quoniam Terentiano verbo 15 lubenter utimur, comitas adsit, adsentatio vitiorum adiutrix procul amoveatur, quae non modo amico, sed ne libero quidem digna est; aliter enim cum tyranno,
90 aliter cum amico vivitur. cuius autem aures clausae veritati sunt ut ab amico verum audire nequeat, huius 20 salus desperanda est. scitum est enim illud Catonis ut multa: 'melius de quibusdam acerbos inimicos mereri quam eos amicos qui dulces videantur; illos verum saepe dicere, hos numquam.' atque illud absurdum, quod ii qui monentur, eam molestiam quam debent capere, 25 non capiunt, eam capiunt qua debent vacare; peccasse enim se non anguntur, obiurgari moleste ferunt;

---

1 tum el. tum euit. cum ferre M 2 subleuanda (-o BS) GBS(G¹ et G²?) subeunda *Facciolatus Mdv. Ha. Bai. La. cf. Sey. p. 511* 3 est off. y E e f 4 mouendi P admon- M a. sunt saepe G sunt saepe a. g 6 quod f. m. in andria M 7 *Ter. Andr. 68 cf. Lact. Inst. 5, 9, 16; 5, 21, 1* 10 praecipitantem M 11 fieri y e 12 fraude M depellitur M 17 moueatur G amico om. M 20 audire nequeat Ω audiat neque his M 21 desuperanda G¹ 22 *dict. 70 Jordan; cf. Plut. de utilitate ex inimicis capienda 6 Aristoph. Av. 376* 25 mouentur MS 26 peccasse *usque ad § 96 de Scipione desunt in* P 27 aguntur M arguunt e

quod contra oportebat delicto dolere, correctione gaudere. Ut igitur et monere et moneri proprium est verae amicitiae et alterum libere facere, non aspere, alterum patienter accipere, non repugnanter, sic habendum est nullam in amicitiis pestem esse maiorem quam adulationem blanditiam adsentationem; quamvis enim multis nominibus est hoc vitium notandum levium hominum atque fallacium ad voluntatem loquentium omnia, nihil ad veritatem. cum autem omnium rerum simulatio vitiosa est (tollit enim iudicium veri idque adulterat) tum amicitiae repugnat maxime; delet enim veritatem, sine qua nomen amicitiae valere non potest. nam cum amicitiae vis sit in eo ut unus quasi animus fiat ex pluribus, qui id fieri poterit, si ne in uno quidem quoque unus animus erit idemque semper, sed varius commutabilis multiplex? quid enim potest esse tam flexibile, tam devium quam animus eius qui ad alterius non modo sensum ac voluntatem, sed etiam vultum atque nutum convertitur?

'Negat quis, nego; ait, áio; postremo ímperavi
    egomét mihi
  omnia adsentári,'

ut ait idem Terentius, sed ille in Gnathonis persona. quod amici genus adhibere omnino levitatis est. multi autem Gnathonum similes cum sint loco fortuna fama superiores, horum est adsentatio molesta, cum ad vanitatem accessit auctoritas. secerni autem blandus amicus a vero et internosci tam potest adhibita diligentia quam omnia fucata et simulata a sinceris atque veris.

---

1 dilecto G¹ corrigatione E 6 peste esse K potest esse M 9 uolunt- SI uolupt- Ω 12 enim om. MK 13 si qua M uale M 14 cf. Cato 81 off. 1, 17, 56 Eth. Nic. 1168ᵇ 7 quasi amicus G 15 qui id E e quid MGV(Ω; P deest) qui BS 16 quoque om. M 21 Ter. Eun. 252s. Nec quis M 25 adhabere M multa M 26 gnatorum M loca M 29 internoscit ante pot. M 30 fug- M fusc- e similata G¹

contio quae ex imperitissimis constat, tamen iudicare solet quid intersit inter popularem, id est adsentatorem et levem civem, et inter constantem, severum et gravem. quibus blanditiis C. Papirius nuper influebat in auris contionis, cum ferret legem de tribunis plebis reficiendis! dissuasimus nos; sed nihil de me, de Scipione dicam lubentius. quanta illa di inmortales fuit gravitas, quanta in oratione maiestas! ut facile ducem populi Romani, non comitem diceres. sed adfuistis et est in manibus oratio. itaque lex popularis suffragiis populi repudiata est. atque ut ad me redeam meministis, Q. Maxumo fratre Scipionis et L. Mancino consulibus quam popularis lex de sacerdotiis C. Licini Crassi videbatur! coptatio enim collegiorum ad populi beneficium transferebatur; atque is primus instituit in forum versus agere cum populo. tamen illius vendibilem orationem religio deorum inmortalium nobis defendentibus facile vincebat. atque id actum est praetore me quinquennio ante quam consul sum factus; ita re magis quam summa auctoritate causa illa defensa est.

Quodsi in scaena id est in contione, in qua rebus fictis et adumbratis loci plurimum est, tamen verum valet, si modo id patefactum et inlustratum est, quid in amicitia fieri oportet, quae tota veritate perpenditur? in qua nisi ut dicitur apertum pectus videas tuumque ostendas, nihil fidum, nihil exploratum habeas, ne amare quidem aut amari, cum id quam vere fiat, ignores. quamquam ista adsentatio, quamvis perniciosa sit, nocere tamen nemini potest nisi ei qui eam

---

1 contentio M 3 seu- Ω(xGf; P deest) Mue. Se. et seu-ga Ha. Bai. id est seu- Kl. 7 illi P(?)gE 8 magestas P 11 ut om. M rendeam M 12 q; om. E mantino G mantio B 14 iubebatur BS coptatio Vollmer; cf. Mo. p. 601 coaptatio Ω 19 praetore edd. P. R. (p. r.) Ω per G³gE 22 scamna Ω 23 umbratis G 24 est et i. M est om. M quod in MD 26 cf. Sen. epist. 59, 9 Plin. epist. 6, 12, 3 pectus Ω peccatum P

recipit atque ea delectatur. ita fit ut is adsentatoribus patefaciat aures suas maxime, qui ipse sibi adsentetur et se maxime ipse delectet. omnino est amans sui vir- 98 tus; optume enim se ipsa novit quamque amabilis sit 5 intellegit. ego autem non de virtute nunc loquor, sed de virtutis opinione. virtute enim ipsa non tam multi praediti esse quam videri volunt. hos delectat adsentatio, his fictus ad ipsorum voluntatem sermo cum adhibetur, orationem illam vanam testimonium esse 10 laudum suarum putant. nulla est igitur haec amicitia, cum alter verum audire non vult, alter ad mentiendum paratus est. nec parasitorum in comoediis adsentatio faceta nobis videretur, nisi essent milites gloriosi. 'magnás vero agere grátias Thaís mihi?' satis erat 15 respondere: 'magnas'; 'ingentes' inquit. semper auget adsentator id quod is, cuius ad voluntatem dicitur, vult esse magnum. quam ob rem quamquam blanda ista 99 vanitas apud eos valet qui ipsi illam adlectant et invitant, tamen etiam graviores constantioresque admo20 nendi sunt ut animadvertant, ne callida adsentatione capiantur. aperte enim adulantem nemo non videt, nisi qui admodum est excors; callidus ille et occultus ne se insinuet studiose cavendum est; nec enim facillime adgnoscitur, quippe qui etiam adversando saepe 25 adsentetur et litigare se simulans blandiatur atque ad extremum det manus vincique se patiatur, ut is qui inlusus sit, plus vidisse videatur. quid autem turpius quam inludi? quod ut ne accidat magis cavendum est.

---

1 ut si PMK(x) adsenatoribus P 3 *Seneca de amicitia:* Non est amans... nouit *florileg. Veron. (cf. Vollmer, Dracontius p. XXXII) fol.* 4*v.*2, 28 4 ipsam *flor. Ver.* 8 cum sermo g 13 facta (G²D) a nobis M esset M 14 *Ter. Eun. 391* magna suo M habere gratias M agebat gr. E gr. agere eD gr. ingentes agere G 15 inmentes M 16 adsenator PMG¹(Ω) 20 aniadu- M 21 enim et PM(x) 22 excors est G 23 facile g 25 litigare se Mgf litiga se P litigasse G¹E litigasse se G²e 26 *cf. Plaut. Pers. 854 Lucr. 2, 1043 Cic. Att. 2, 22, 20* uicinique M 27 uicisse BS(g?)e 28 occidat M

'Ut me hódie ante omnes cómicos stultós senes
versáris atque inlússeris lautíssume.'
100 haec enim etiam in fabulis stultissima persona est
inprovidorum et credulorum senum. sed nescio quo
pacto ab amicitiis perfectorum hominum id est sapien- 5
tium (de hac dico sapientia quae videtur in hominem
cadere posse) ad leves amicitias defluxit oratio. quam
ob rem ad illa prima redeamus eaque ipsa concludamus aliquando.
   Virtus, virtus, inquam, C. Fanni et tu Q. Muci et con- 10
ciliat amicitias et conservat. in ea est enim convenientia rerum, in ea stabilitas, in ea constantia; quae
cum se extulit et ostendit suum lumen et idem aspexit
adgnovitque in alio, ad id se admovet vicissimque accipit illud quod in altero est; ex quo exardescit sive 15
amor sive amicitia; utrumque enim dictum est ab
amando; amare autem nihil est aliud nisi eum ipsum
diligere quem ames, nulla indigentia, nulla utilitate
quaesita; quae tamen ipsa efflorescit ex amicitia,
101 etiamsi tu eam minus secutus sis. hac nos adulescentes 20
benivolentia senes illos, L. Paulum M. Catonem C. Galum P. Nasicam Ti. Gracchum Scipionis nostri socerum, dileximus, haec etiam magis elucet inter aequales, ut inter me et Scipionem L. Furium P. Rupilium
Sp. Mummium. vicissim autem senes in adulescentium 25
caritate adquiescimus ut in vestra, ut in Q. Tuberonis;
equidem etiam admodum adulescentis P. Rutili A. Vergini familiaritate delector. quoniamque ita ratio comparata est vitae naturaeque nostrae ut alia ⟨ex alia⟩ aetas

---

1 *Caecil. com.* 243 s.   comicos E coam- Ω   2 inlusseris *Bai.*
Mue. Se. ut luseris e ut (*om.* G) lusseris Ω elusseris *Ha.*   3 in
fab. etiam G stultissime P   10 uirtus uirtus PEBV uirtus
MKGSD   13 extollit M lubien M   14 et agnouit g accepit
PMK(x)   16 dictum My *Ha. Mue.* ductum PKDE *Bai. cf. Sey.*
p. 546   19 efflor.- D *Mue. Se.* exflor- yEP² explor- M   22 titum xg   23 dilexerimus g (*corr.* S²) eleuet M   24 P. Rup- Ω
pripilum M   25 nummium gE   26 nostra G   27 rupilii g A
om. M g   29 alia ex alia *Or.* alia Ω

oriatur, maxume quidem optandum est ut cum aequalibus possis, quibuscum tamquam e carceribus emissus sis, cum isdem ad calcem ut dicitur pervenire. sed quo- 102
niam res humanae fragiles caducaeque sunt, semper
5 aliqui anquirendi sunt quos diligamus et a quibus diligamur; caritate enim benivolentiaque sublata omnis est e vita sublata iucunditas. mihi quidem Scipio quamquam est subito ereptus, vivit tamen semperque vivet; virtutem enim amavi illius viri, quae extincta
10 non est; nec mihi soli versatur ante oculos, qui illam semper in manibus habui, sed etiam posteris erit clara et insignis. nemo umquam animo aut spe maiora suscipiet, qui sibi non illius memoriam atque imaginem proponendam putet. equidem ex omnibus rebus quas mihi 103
15 aut fortuna aut natura tribuit, nihil habeo quod cum amicitia Scipionis possim comparare. in hac mihi de re publica consensus, in hac rerum privatarum consilium, in eadem requies plena oblectationis fuit. numquam illum ne minima quidem re offendi, quod qui-
20 dem senserim, nihil audivi ex eo ipse quod nollem; una domus erat, idem victus isque communis neque solum militia, sed etiam peregrinationes rusticationesque communes. nam quid ego de studiis dicam co- 104
gnoscendi semper aliquid atque discendi? in quibus
25 remoti ab oculis populi omne otiosum tempus contrivimus. quarum rerum recordatio et memoria si una cum illo occidisset, desiderium coniunctissimi atque amantissimi viri ferre nullo modo possem. sed nec illa extincta sunt alunturque potius et augentur cogita-
30 tione et memoria mea, et si illis plane orbatus essem, magnum tamen adfert mihi aetas ipsa solacium. diu-

---

3 cf. Cato 83   peruenires PM(x) peruenias Ge   4 semper E semperque Ω   5 an requir- P requir- M adq- g acq- S inq- ED
6 est omnis M   9 uirtute M   11 habuisset in manibus etiam M
13 qui Ω quibus M   18 oblationis P delectationis E   23 que om. M   28 nullo m. ferre g   31 adfert P Se. Mue. aff- G D E affet M Er. Ha.   aufert e ad(f)ferret ga¹f   solamen ME

tius enim iam in hoc desiderio esse non possum. omnia autem brevia tolerabilia esse debent, etiamsi magna sunt.
Haec habui de amicitia quae dicerem. vos autem hortor ut ita virtutem locetis, sine qua amicitia esse non potest, ut ea excepta nihil amicitia praestabilius putetis.

---

3 sint M E e I   7 esse putetis E e

M. TULLI CICERONIS
DE GLORIA

TESTIMONIA

Cic. Att. 15,27,2 V Non. Quint. a. 710/44 ex Arpinati librum tibi celeriter mittam de gloria.
Cic. Att. 16,2,6 V Id. Quint. a. 710/44 e Puteolano de gloria misi tibi; custodies igitur ut soles, sed notentur eclogarii, quos Salvius bonos auditores nactus in convivio dumtaxat legat. mihi valde placent, mallem tibi.
Cic. Att. 16,3,1 XVI Kal. Sext. a. 710/44 e Pompeiano quod Erotem non sine munusculo exspectare te dicis, gaudeo non fefellisse eam rem opinionem tuam; sed tamen idem σύνταγμα misi ad te retractatius et quidem ἀρχέτυπον ipsum crebris locis inculcatum et refectum. hunc tu tralatum in macrocollum lege arcano convivis tuis, sed, si me amas, hilaris et bene acceptis, ne in me stomachum erumpant, cum sint tibi irati.
Cic. Att. 16,6,4 VIII Kal. Sext. a. 710/44 Vibone nunc neglegentiam meam cognosce. de gloria librum ad te misi. at in eo prohoemium id est quod in Academico tertio. id evenit ob eam rem quod habeo volumen prohoemiorum; ex eo eligere soleo, cum aliquod σύγγραμμα institui. itaque iam in Tusculano, qui non meminissem me abusum isto prohoemio, conieci id in eum librum quem tibi misi. cum autem in navi legerem Academicos, adgnovi erratum meum. itaque statim novum prohoemium exaravi et tibi misi; tu illud desecabis, hoc adglutinabis.
Cic. off. 2,31 nunc dicamus de gloria; quamquam ea quoque de re duo sunt nostri libri, sed attingamus, quando

de numero librorum *cf.* ESprockhoff 'de libri voluminis... vocabulorum apud Gellium Ciceronem Athenaeum usurpatione' (diss. Marpurg. 1908) 52   2—25 *quae praeterea ex epistulis huc docti rettulerunt velut Att. 15,14,4. 16,5,2. 16,11,1, alio potius pertinent, huc fortasse Att. 15,21,2 (X Kal. Quint. a. 710/44 e Tusculano) quod scribo, cum absolvero scil. tibi mittam. cf. etiam epist. 9,14*   18 id] idem? *Wesenberg*

88° DE GLORIA

quidem ea in rebus maioribus administrandis adiuvat plurimum.

FRAGMENTA

LIBRI I

prooemium 5

*

quantas habeat definitiones et significantias gloria 6

*

oppida appellata quod opem darent 7
ut imitetur ineptias Stoicorum

*

LIBRI II

apud eundem poetam Aiax cum Hectore congrediens 10
depugnandi causa agit ut sepeliatur si sit forte victus,

---

2 *exponit deinde summam et perfectam gloriam constare ex benevolentia hominum fide admiratione, quae omnia confici iustitia (31—43); adiungit de adulescentium officiis quae valeant ad gloriam adipiscendam. nescio an Ciceronis libros spectet Val. Max. 8,14 (*de cupiditate gloriae*) prooem.* gloria vero aut unde oriatur aut cuius sit habitus aut qua ratione debeat comparari, et an melius a virtute velut non necessaria neglegatur, viderint hi quorum in contemplandis eiusmodi rebus cura teritur quibusque quae prudenter animadverterunt facunde contigit eloqui. *forsitan idem hinc exempla quaedam sumpserit*
5 *cf. p. 87ᶜ 18*
6 Hier. in Gal. 5,26 p. 515 quantas autem habeat ... gloria, et philosophorum innumerabiles libri et Ciceronis duo volumina, quae de gloria scripsit, indicio sunt
7. 8 Fest. p. 202 oppidorum originem optime refert Cicero lib. I de gloria eamque appellationem usurpatam *(sic Aldus minor orthogr. s. v. 'oppidum': app. usurpationem [vel -nemve] appellatam apographa)* esse existimat quod opem darent, adiciens: ut *(spatium X litterarum habet Vatic. X)* imitetur i. St. *cf. de veriloquio Varro ling. 5,141 cum Goetzii Schoellique adnotatione, de re rep. 1,41 off. 2,41* 8 imiter *vel* imitemur Cicero scripserit, cf. off. 1, 23
10 — p. 89ᶜ 5 Gell. 15,6,1 in libro M. Tullii, qui est secundus de gloria, manifestus error est non magnae rei, quem errorem esse possit cognoscere non aliquis eruditorum sed qui tantum legerit Ὁμήρου τὸ ἦ (*Il. 7, 89—91*). ²quam ob rem non tam id miraba-

DE GLORIA 89°

declaratque se velle ut suum tumulum multis etiam post saeculis praetereuntes sic loquantur:
"hic situs est vitae iam pridem lumina linquens, qui quondam Hectoreo perculsus concidit ense."
5 'fabitur haec aliquis, mea semper gloria vivet.'

*

6 in Tusculanum mihi nuntiabantur gladiatorii sibili

*

7 quo stante et incolume

*

LIBRI INCERTI

9 *deos qui publice colerentur homines fuisse*

*

10 o miserum vel potius amentem, de quo necesse erat

---

mur, errasse in ea re M. Tullium, quam non esse animadversum hoc postea correctumque vel ab ipso vel a Tirone liberto eius, diligentissimo homine et librorum patroni sui studiosissimo. ³ita enim scriptum in eo libro est: 'apud...vivet'. ⁴huius autem sententiae versus, quos Cicero in linguam Latinam vertit, non Aiax apud Homerum dicit neque Aiax agit ut sepeliatur, sed Hector dicit et Hector de sepultura agit priusquam sciat an Aiax secum depugnandi causa congressurus sit 4 percussus *PPithoeus epigramm. et poem. vet. (1590) p. 482*
6 *Char. GL. I 81,13* sibilus dici oportet, ut — — Cicero de gloria in (in *del. Putschius*) II 'in... sibili'. sed et neutro genere quidam dixerunt eqs. *ex libri prooemio sumptum opinabatur Sig., si tamen huius quoque libri prooemium fuit*
7 *Char. GL. I 133,9* incolume Cicero de gloria II 'quo...incolume'
9 *Lact. inst. 1,15,16* M. Tullius — — in eo libro, quo se ipse de morte filiae consolatus est, non dubitavit dicere deos... fuisse — — ²³quid quod idem dicit in libris de re publica, idem de gloria. cf. *Tusc. 1,32 nat. deor. 2,62*
10 — *p. 90ᶜ 2 Diom. GL. I 382,26* plaudo frequens est, apud veteres plodo : Cicero de gloria (tertio ordine *hinc in p.383,4 transposuit Keil*) 'o... ploderent'. *similis sententia est frg. lib. inc. I 38 Mue. (Hier. epist. 66, 7, 2), quod his libris Beieri suasu ascripsit Nobbe*: egregie de Caesare Tullius 'dum quosdam' ait 'ornare voluit, non illos honestavit sed ornamenta ipsa turpavit'

peius existimare eos qui ploderent quam eos qui non ploderent.

*

statuerunt simulacrum leaenae   3

*

---

1 qui ploderent *edd.* qui oderunt *vel* quod erunt *codd.*
2 ploderent *Par. B* plodere *Par. A et cod. Scioppii* deplorent *Monac.*
3 *Philarg. in ecl. 2,63* torva leaena: — — hoc nomen licet veteres Latinum negent, auctoritate tamen valet; dicebant enim leonem masculum et feminam, ut Plautus in Vidularia 'nam audivi ego feminam leonem semel parire'. Cicero de gloria †librorum *(*lib. II *edd.)* sic ait *(sic rec. I Par. N Laur.* sicant *rec. I Par. P* sicut *rec. II)* 'statuerunt s. leaenae'. *paulo aliter recensio II sed ut in exemplis non discrepet. de re conferas indicis eorum, qui gloriae causa vel tormenta perpessi sunt vel se ipsi interfecerunt, reliquias apud Val. Max. 3,3 Plin. nat. 7,87 Tert. mart. 4 apol. 50 nat. 1,18* simulacrum *rec. I Par. P, rec. II* gloria *rec. I Par, N Laur.* Leaenae non recte Hagen

CONSPECTUS NUMERORUM

Or.	Bai.	Mue.	huius ed. pag.	Or.	Bai.	Mue.	huius ed. pag.
—	1	1	87^C 26	II 1	9	9	88^C 10
—	2	2	— [1]	II 2	10	10	89^C 7
—	3	3	87^C 2	II 3	12	12	90^C 3
—	4	4	87^C 4	II 4	11	11	89^C 6
—	5	5	87^C 16	inc. 1	13	13	89^C 10
—	6	6	— [2]	—	14	14	89^C 9
—	7	7	88^C 6	inc. 2	15	(I 38)	— [3]
I	8	8	88^C 7				

---

1) *Cic. Att. 15,14,4, vide ad p.* 87^C 2 ss.
2) *Cic. Att. 16,11,1, vide ad p.* 87^C 2 ss.
3) *vide ad p.* 89^C 10 ss.

INDEX NOMINUM ET RERUM VERBORUMQUE MEMORABILIUM

(NUMERI PAGINAS ET VERSUS DEMONSTRANT)

C. CATO MAIOR, G. DE GLORIA, L. LAELIUS

L. Acilius prudens in iure civili putabatur L. 48 3 5
M'. Acilius Balbus consul a. 150 C. 9 8 — M'. Acilius Glabrio cos. a. 191 C. 16 15
A Jelphi, nomen comoediae Terenti C. 33 30
Q. Aelius Tubero, aequalis Gracchorum L. 60 23 84 26
Sex. Aelius Paetus Catus cos. a. 198 et Iuris consultus C. 14 18
L. Aemilius Paulus, avus Scipionis, qui consul a. 216 in pugna Cannensi cecidit C. 15 8 32 14 38 6 40 30
L. Aemilius Paulus Macedonicus C. 9 26 40 30 L. 49 7 84 21
M. Aemilius Lepidus a. 180 pontifex maximus C. 32 12
Aemilius Papus cos. a. 282 et a. 278, censor a. 275 L. 61 20
Aetna mons Siciliae C. 4 21
Africanus v. Cornelius
Agrigentinus quidam (sc. Empedocles, qui vixit circiter a. 440) L. 55 16
Ahala v. Servilius
Aiax C. 16 7; G. 88 10
Albinus v. Postumius
L. Ambivius Turpio, histrio aetate Catonis C. 25 11
Andria, fabula Terenti L. 80 6
ansa metaph. L. 69 10
Apollo, -inis oraculum C. 39 16 L. 48 16 49 10 50 27
Appius v. Claudius
Archytas Tarentinus, qui Pythagoreorum erat in numero et philosophia, republica administranda bellisque gerendis

circa saeculum CCCC floruit C. 20 18 21 19 L. 79 18
Arganthonius, qui traditur fuisse rex Gadibus C. 35 13
Aristides Atheniensis Themistoclis aequalis C. 11 19
Aristo Cius, philosophus peripat., qui vixit circa a. 225 C. 4 7
Asia L. 61 7
Athenae urbs C. 3 9 22 18 33 5 L. 48 15 79 7
Athenienses C. 6 21 33 11 (G. 90 3)
A. Atilius Calatinus bis cos. primo bello Punico C. 32 7
M. Atilius cogn. Regulus C. 38 3
Atticus v. Pomponius

Bias, qui in septem sapientibus numeratur L. 69 3
C. Blossius Cumanus philosophus, amicus Ti. Gracchi, qui ad Aristonicum fugit L. 60 25
Brutus v. Iunius

Statius Caecilius poeta C. 13 3 7 13 18 23 — L. Caecilius Metellus cos. 205 C. 15 17 32 6 —
Q. Caecilius Macedonicus L. 75 28
Caepio v. Servilius
Camillus v. Furius
Cannensis ignominia C. 38 7
Capitolium L. 61 1
Carbo v. Papirius
Carthago v. Karthago
Sp. Carvilius Q. Fabio Maximo iterum consule consul C. 7 26

Cassia lex tabellaria a L. Cassio Longino lata a. 137 L. 62 21
Sp. Cassius Vecellinus a. 439 in suspicionem venerat se tyrannidem appetere L. 57 24 60 21
Cato v. Porcius
Caudinum proelium C. 21 17
cavea theatri C. 25 12 L. 55 24
Cento v. Claudius
Cethegus v. Cornelius
Cincia lex de donis et muneribus, cuius legis suasor fuit Q. Fabius Maximus a. 204 C. 7 12
Cincinnatus v. Quinctius
Cineas Thessalus a Pyrrho Romam legatus missus a. 280 C. 22 17
Appius Claudius Caecus consul a. 307 et a. 296, censor a. 310 C. 9 29 10 4 — Appius Crassinus Regillensis cos. a. 349 C. 21 23 — Appius Claudius Cento cos. a. 240 C. 26 8 — M. Claudius Marcellus, qui Hannibalem vicit et Syracusas cepit C. 38 8
Cleanthes C. 12 18
coctus metaph. C. 15 1 36 16
consaeptus ager i. horti C. 31 10
consulares homines C. 5 31 -is vir 8 5
convenientia i. consensus L. 84 11
coptatio collegiorum L. 82 14
coquo metaph. C. 3 2
Coriolanus v. Marcius
M. Cornelius Cethegus cos. a. 204 C. 7 11 26 13
Cn. Cornelius Scipio cos. a. 218 C. 15 7 — P. Cornelius Scipio Cn. Scipionis frater ib. — duo Scipiones C. 38 5 — qui Scipionem minorem adoptavit C. 18 7 — P. Cornelius Scipio Africanus maior cos. a. 205 et a. 194 C. 8 17 15 7 18 7 3? 14 41 1 L. 51 7 — P. Cornelius Scipio Aemilianus Africanus minor cos. a. 147 et a. 134 C. 4 10 23 5 18 6 25 10 25 15 2 17 15 18 13 et passim L. 46 25 47 14 29 33 et passim — P. Cornelius Scipio Nasica Corculum cos. a. 162 et a. 155 C. 26 11 L. 84 22 — P. Cornelius Scipio Nasica Serapio cos. a. 138(?) L. 62 14
Ti. Coruncanius pontifex maximus a. 252 C. 9 27 14 19 22 20 L. 52 30 61 23
Corvinus v. Valerius
Crassus v. Licinius
Critobulus, discipulus Socratis C. 31 4
Crotoniates C. 14 12 v. Milo
M.' Curius Dentatus victor Samnitium a. 290 et Pyrrhi a. 275 C. 9 27 22 20 29 6 11 22 L. 52 30 57 22 61 23
cursus honorum C. 32 3
Cyrus maior C. 15 14 16 11 40 1 28 — minor C. 31 5 16 21

dare manus L. 83 26 — causae dantur L. 80 1
P. Decius Mus, qui se devovit in proelio ad Sentinum a. 275 commisso C. 22 23 23 4 — -i duo C. 38 2
declinare de via metaph. L. 69 25
dei, qui homines fuerunt G. 89 9
Democritus philosophus 460—360 C. 12 16
dimensus passive C. 31 16 active C. 31 17
Diogenes Stoicus venit a. 155

INDEX

cum Carneade et Critolao Ronam C. 12 19
dissuere metaph. L. 75 14
distantia morum studiorumque L. 74 25
docti i. philosophi L. 52 13
C. Duellius Marci filius vicit Carthaginienses a. 260 ad Mylas C. 23 17
elogium C. 37 11
eluere metaph. L. 75 14
emancipare C. 19 13
emori C. 36 10
Empedocles v. Agrigentinus
Ennius poeta 239—169 C. 7 16 9 2 12 32 26 14 37 14 L. 54 12 71 6 afferuntur eius verba: C. 3 1 ss. 5 7 7 17 ss. 9 3 s. 10 1 s. 20 14 37 15 s. L. 54 11 71 6 excellentiae L. 72 26
Q. Fabius Maximus quartum cos. a. 214 C. 7 1 23 8 15 17 9 25 20 20 32 14 filius eius C. 8 4
Q. Fabius Maximus cos. a. 145 L. 73 1 82 12
C. Fabricius Luscinus cos. a. 278 C. 9 27 22 16 23 2 L. 52 29 57 22 61 20 in famulatu esse L. 73 12
C. Fannius Marci filius cos. a. 122 L. 46 24 47 28 48 26 et passim
faxit C. 37 16
ferre beatum C. 31 22
filum orationis L. 56 11
Flaccus v. Valerius
Flamininus v. Quinctius
C. Flaminius trib. pl. a. 232 cos. a. 217 C. 7 26
frequentia hominum L. 79 12
fronte occultare sententiam L. 71 28
funalis cereus C. 23 19
L. Furius Camillus cos. a. 349 C. 21 23

L. Furius Philus cos. a. 136 L. 51 3 56 15 72 28 84 24
Gabinia lex tabellaria, quam A. Gabinius a. 139 tulit L. 62 20
Gades urbs Hispaniae C. 35 13
Gallia C. 22 8
Gallicus ager C. 7 28
Galus v. Sulpicius
geniculatus C. 27 8
Gigantes C. 5 16
Glabrio v. Acilius
gladiatorii sibili G. 89 6
Gnatho, persona in Terentii fabula, quae Eunuchus inscribitur L. 81 24 26
Gorgias Leontinus C. 8 25 12 15
Gracchus v. Sempronius
Graeca carmina L. 55 17
Graecae litterae C. 4 13 14 2 19 22
Graeci C. 24 3 L. 52 14
Graecia C. 16 6 L. 48 13 63 4 26 — magna L. 50 25
Hannibal C. 7 14 L. 57 26
Hector G. 88 10; Hectoreus ensis G. 89 4
hemicyclium L. 46 13
Hesiodus doctus poeta C. 12 14 28 20
Hispania C. 16 13
Homerus C. 12 14 15 24 16 4 28 21 afferuntur eius verba C. 16 4 G. 89 3
L. Hostilius Mancinus cos. a. 145 L. 82 12

Idaea sacra C. 23 24
Isocrates C. 8 22 12 15
Italia L. 57 26 — Italici philosophi C. 39 11
D. Iunius Brutus augur L. 48 22
L. Iunius Brutus, primus cos. Romanus, qui a. 509 cecidit C. 38 1
ius augurium C. 8 9 19 21

INDEX

Karthago C. 10 22

Lacedaemon C. 33 1
Lacedaemonius C. 11 5 32 29 33 7
C. Laelius Sapiens C. 4 10 23 5 22 28 15 2 18 13 et passim L. 46 1 23 47 14 15 25 27 32 et passim — pater Laeli C. 38 26
Laenas *v.* Popilius
Laertes, pater Ulixis C. 28 22
latera bona C. 9 11
Latini L. 50 15
laudatio C. 8 5
Leaena meretrix Atheniensis, quae torta non indicavit Harmodium et Aristogitonem (Plin. nat. 7 87), G. 90 3
Leontinus C. 8 25 *v.* Gorgias
Lepidus *v.* Aemilius
levasso pro levavero C. 3 1
C. Licinius Crassus, qui trb. plebis a. 145 legem de sacerdotiis tulit L. 82 13
P. Licinius Crassus Dives cos. a. 205 C. 14 19 26 10 32 12
C. Livius Salinator cos. a. 188 C. 5 30 (pro Salinatore C. 7 21 M. Livius Macatus afferendus fuit)
L. Livius Andronicus poeta C. 26 6
Ludus Naevi poetae C. 11 13
luere metaph. C. 38 7
Luscinus *v.* Fabricius
Lycomedes rex, qui Neoptolemum educavit L. 74 29
Lysander Lacedaemonius C. 31 6 (11 19 32 29
Lysimachus Atheniensis C. 11 19

T. Maccius Plautus poeta C. 26 6
Sp. Maelius a C. Servilio Ahala interfectus C. 29 20 L. 57 25 60 22

Magna mater C. 23 24
malleolus C. 27 18
Mancinus *v.* Hostilius
M.' Manilius cos. a. 149 L. 51 3
Marcellus *v.* Claudius
Cn. Marcius Coriolanus L. 60 21 63 8
Q. Marcius Philippus cos. a. 169 C. 9 8
Masinissa rex Numidiae C. 17 16
Maximus *v.* Fabius
memoriter L. 46 2
Metellus *v.* Caecilius
Milo Crotoniates C. 14 12 17 5 *v.* Crotoniates
Minerva *v.* pingui Minerva agere
Q. Mucius Scaevola augur L. 46 1 4 12 21 47 17 28 48 20 32 et passim
Q. Mucius Scaevola pontifex maximus L. 46 9
Sp. Mummius, qui Corinthum expugnavit L. 72 28 84 25

Cn. Naevius poeta C. 11 12 26 5 afferuntur eius verba C. 11 11 13
Nasica *v.* Cornelius
Nearchus Tarentinus C. 21 19
Neoptolemus L. 74 29
Nestor C. 15 24 16 7

Oeconomicus, liber Xenophontis C. 31 2
Oedipus Coloneus C. 12 11
Olympiæ vicit C. 9 4 — -ae C. 17 4
oppida unde appellata G. 88 7
Orestes L. 55 26
Origines, liber Catonis C. 19 18 38 10 *v.* M. Porcius Cato

pabulum metaph. C. 25 19

INDEX

M. Pacuvius poeta L. 55 25
paedagogus L. 74 17
C. Papirius Carbo L. 62 1 15 82 4
Papus *v.* Aemilius
parturire metaph. L. 64 4
patres conscripti L. 50 14
Paulus *v.* Aemilius
Pelias, avunculus Iasonis C. 41 25
Persae C. 31 5
Persicum bellum L. 63 5
Persicus ornatus C. 31 20
Philippus *v.* Marcius
philosophi Italici C. 39 11 — minuti C. 42 27 — principes -orum C. 12 16
Philus *v.* Furius
Picens ager C. 7 27
pingui Minerva agere L. 53 2
Pisistratus tyrannus C. 36 25
Plato Atheniensis C. 8 21 12 17 21 22 23 14 39 32 afferuntur eius verba C. 23 14
Plaudite in comoedia C. 35 24
Plautus *v.* Maccius
Poeni C. 23 18 38 5
Q. Pompeius Nepos cos. a. 141 L. 75 26 — Rufus L. 46 18
T. Pomponius Atticus, Ciceronis familiaris C. 3 4 *cf.* 1 *et* 7 L. 46 17
C. Pontius, pater illius Samnitium ducis C. 21 17
T. Pontius centurio C. 16 24
P. Popilius Laenas cos. a. 132 L. 60 26
M. Porcius Cato C. 4 8 15 18 5 17 24 6 12 L. 47 9 21 23 48 3 6 49 5 8 9 50 4 75 14 80 21 84 21; afferuntur Catonis verba L. 75 14 80 22 *v.* Origines — eius filius C. 42 13 *cf.* C. 9 26 35 2; Cato maior, liber Ciceronis L. 47 8
C. Porcius Cato, nepos illius L. 62 1

Sp. Postumius Albinus cos. a. 321 C. 21 18 — cos. a. 186 C. 5 31
Pseudolus, fabula Plauti C. 26 6
Punicum bellum C. 16 12 — Naevii C. 26 5
Pylades L. 55 26
Pyrrhus Epirotarum rex C. 9 31 10 8 22 16 21 29 7 L. 57 26
Pythagoras philosophus C. 12 16 17 6 37 9 39 10 -rei C. 19 22 39 10

L. Quinctius Cincinnatus dictator a. 458 et 439 cos a. 460 C. 29 18
L. Quinctius Flamininus cos. a. 192 C. 22 5 — eius frater T. cos. a. 198 C. 3 5 6 22 5 — T. Q. Fl. cos. a. 150 C. 9 7

resecare ad vivum L. 52 22
Roma C. 12 19 -ani rustici C. 12 23 -anus homo C. 8 10 -anus populus C. 21 20
L. Rupilius L. 74 10 — eius frater P. cos. a. 132 L. 60 26 72 28 74 9
P. Rutilius Rufus, discipulus Q. Muci Scaevolae pontificis L. 84 27

Sabini C. 24 20 29 7; -inus ager C. 12 22
lex de sacerdotiis C. Licini Crassi L. 82 13
Salinator *v.* Livius
Samnites C. 22 21 29 7 12
Sardis C. 31 7
Scaevola *v.* Mucius
scientiae tantae plur. C. 39 20
Scipio *v.* Cornelius
M. Sempronius Tuditanus cos. a. 204 C. 26 8
P. Sempronius Tuditanus cos. a. 240 C. 7 10

INDEX

Ti. Sempronius Gracchus cos. a. 177 L. 84 22 eius filius L. 60 28 61 5 30 62 10 16
C. Sempronius Gracchus, huius frater L. 62 2 17
senatus C. 11 5
Seriphius C. 6 17 20
C. Servilius Ahala, qui Spurium Maelium interemit C. 29 20
Cn. Servilius Caepio, collega Q. Marci Philippi C. 9 8
Simonides poeta C. 12 14
Socrates C. 14 5 31 4 39 14 *v.* Apollo
Solon C. 13 27 26 20 36 26 37 11
Sophocles C. 12 4 24 25 afferuntur eius verba C. 25 2
Statius *v.* Caecilius
Stesichorus poeta C. 12 15
Stoici inepti in originibus verborum G. 88 8
C. Sulpicius Galus C. 25 22
Symposion, liber Xenophontis C. 24 17
Synephebi, titulus fabulae Stati C. 13 3

Tarentum C. 7 1 8 20 23 20 20 21 22 -inus C. 20 18 21 19 *v.* Nearchus
L. Tarquinius Superbus L. 57 24 67 1
Tartessii, nomen gentis Hispaniae C. 35 12
Terentianum verbum L. 80 15
Terentius L. 81 24 *v.* Adelphi *et* Andria
Thais, persona in Terenti fabula, quae Eunuchus inscribitur L. 83 14

Themistocles C. 6 17 11 17 L. 63 4
Thermopylae C. 16 15
Timon Atheniensis L. 79 8
Tithonus, maritus Aurorae C. 4 7
lex de trb. pl. reficiendis, quam tulit C. Papirius L. 82 5
tortuosus metaph. L. 71 19
Troia C. 16 8 L. 74 29
Truculentus, titulus Plauti fabulae C. 26 5
Tubero *v.* Aelius
Tuditanus *v.* Sempronius
M. Tullius Cicero: errores G. 88 10 adn.
Turpio *v.* Ambivius
Tusculanum Ciceronis G. 89 6

L. Valerius Flaccus, censor cum Catone C. 22 12
M. Valerius Corvinus cos. a. 350 C. 31 26
Vecellinus *v.* Cassius
A. Verginius, discipulus Scaevolae pontificis L. 84 27
T. Veturius Calvinus cos. a. 321 C. 21 18
viatores C. 29 23
Voconia lex de hereditatibus, quam Q. Voconius Saxa tulit C. 9 10

Xenocrates, Platonis discipulus C. 12 17
Xenophon C. 15 14 24 18 30 22 39 32 afferuntur eius verba C. 40 1 ss.

Zenon Stoicus C. 12 18

www.ingramcontent.com/pod-product-compliance
Lightning Source LLC
Chambersburg PA
CBHW021736220426
43662CB00008B/876